21世纪高等院校通识课精品教材

学术论文写作指南

ACADEMIC ESSAY WRITING GUIDE

郭云贵 张淑霞 岳向华 主编

东北财经大学出版社 大连
Dongbei University of Finance & Economics Press

图书在版编目（CIP）数据

学术论文写作指南 / 郭云贵，张淑霞，岳向华主编. —大连：东北财经大学出版社，2025.1（2025.6重印）. —（21世纪高等院校通识课精品教材）. —ISBN 978-7-5654-5470-7

Ⅰ．H152.3

中国国家版本馆CIP数据核字第2024ES9270号

东北财经大学出版社出版

（大连市黑石礁尖山街217号　邮政编码　116025）

网　　址：http://www.dufep.cn

读者信箱：dufep@dufe.edu.cn

大连永盛印业有限公司印刷　　东北财经大学出版社发行

幅面尺寸：170mm×240mm　　字数：215千字　　印张：15

2025年1月第1版　　　　　　　2025年6月第2次印刷

责任编辑：蔡　丽　刘东威　　　　责任校对：孟　鑫

封面设计：原　皓　　　　　　　　版式设计：原　皓

定价：45.00元

前　言

　　党的二十大报告明确提出："加快实现高水平科技自立自强"，"培育创新文化，弘扬科学家精神，涵养优良学风，营造创新氛围"。这对作为培养创新人才重要阵地的高校提出了更高要求。贯彻落实党的二十大精神，高校应肩负起时代赋予的重任，积极践行科研育人理念，激励学生深度参与科研实践，引领学生秉持科学家精神提升科研素养，从而为国家培养堪当时代重任的高水平创新型人才。

　　在科研育人过程中，撰写学术论文是必不可少的重要环节。学术论文不仅是研究成果的载体，更是学术交流的桥梁。学术论文写作是一项系统而复杂的工程，它要求作者不仅有扎实的学术功底，而且具备良好的逻辑思维和文字表达能力。在写作过程中，如何遵循学术规范、如何组织结构、如何呈现数据、如何引用文献，都是作者需要仔细考虑的问题。为了帮助大学生更好地掌握学术论文写作的技巧与方法，我们编写了这本《学术论文写作指南》。

　　在编写过程中，我们力求做到以下几点：

　　（1）科学。本教材内容基于学术界普遍认可的规范和标准，确保读者能够掌握学术论文写作的基本原则和方法。

　　（2）实用。我们结合了大量实际案例，通过具体分析，帮助读者更好地理解和应用学术论文写作的相关知识。

　　（3）易懂。我们尽量使用简洁明了的语言，避免冗长复杂的理论阐述，使读者能够轻松理解并快速掌握学术论文写作的要点。

　　本教材的特色主要有：

1.充分融入课程思政内容

本教材将"学术道德与学术规范"作为课程重要内容，并将习近平总书记关于科技创新的重要论述、科学家精神等课程思政内容融入学术论文写作知识当中，以期实现推动高校"学术论文写作"课程思政建设的目标。

2.凸显实用性

本教材围绕学术论文写作的各个环节进行章节安排，并通过正反举例来阐述各个环节的要领，以帮助学生更好地掌握学术论文写作的相关知识与技巧。

3.纸质教材与数字化资源相结合

本教材将打造纸质教材与数字化资源相结合的新形态教材作为重要目标，在出版纸质教材的同时，还提供典型范文、课件等配套数字化资源。

本教材是湖南省普通高等学校教学改革研究重点项目"一流本科专业建设背景下经管类专业'项目+论文'科研育人模式研究"（编号：HNJG-2022-0162）的重要阶段性研究成果，是湖南科技大学2024年度立项规划教材。

本教材由湖南科技大学郭云贵老师设计全书结构并统稿，各章的编写任务分别由湖南科技大学的郭云贵、张淑霞以及湘南学院的岳向华三位教师完成。其中，第一至三章由郭云贵编写，第四章由张淑霞、郭云贵编写，第五、六章由岳向华、郭云贵编写。本教材借鉴、引用了国内外许多学者的研究成果，在此表示衷心感谢。东北财经大学出版社的相关编辑为本教材的出版做了大量基础性工作，并提出了许多宝贵意见和建议，在此表示衷心感谢。

由于理论与经验的局限，本教材难免有错漏之处，敬请各位专家和读者不吝赐教，以使本教材在修订时更加完善。编者邮箱：gyg1225@163.com。

编　者
2024年12月

目　录

第一章 绪 论

学习目标

通过本章学习，了解学术论文对研究者、学术界、教育界和社会发展的价值，熟悉学术论文的基本要求和具体要求。

第一节 学术论文的重要性

学术论文不仅是研究者智慧的结晶，也是研究者与学术界交流的重要渠道。通过撰写与发表学术论文，研究者可以展示自己的研究成果，表达自己的学术观点，并为同行评审和公众检验提供可能，从而确保研究的质量和透明度。具体而言，学术论文具有多方面的价值，主要体现在它对研究者、学术界、教育界和社会发展的贡献等方面。

一、学术论文对研究者的意义

（一）专业成长与职业发展

通过撰写学术论文，研究者不仅可以深入研究某一领域的知识，积累和学习其他学者的研究成果，还可以提高研究和写作能力，培养批判性思维和解决问题的能力，从而在专业方面得到成长。同时，在学术界，通常会基于论文的数量和影响力来评估一个研究者的学术能力。而研究者的职业生涯往往也与其论文的数量和质量密切相关。例如，在申请教授职位时，候选人通常需要展示其丰富的高质量论文列表。

（二）个人声誉与影响力

发表高质量的学术论文可以提升研究者个人在学术界的声誉和影响力。而随着论文被引用次数的增加，研究者的学术影响力也会相应提高。例如，一名研究城市社会学的学者通过发表关于城市贫困和社会排斥的论文，可能被邀请作为专家参与政策制定或城市规划项目。

（三）学术对话与学术交流

学术论文可以为研究者与学术界之间的交流合作搭建桥梁。研究者通过论文的发表，可以与国内外的学者和研究机构建立联系与合作，共同开展更大规模的科研项目。例如，研究者发表一篇探讨全球化对本地文化的影响的论文，可能引起经济学家、社会学家、文化研究学者的兴趣，从而促使相关学者一起研究关于如何平衡全球一体化和本土文化保护的议题。

（四）项目申请与研究资金

研究者的发表记录直接影响其获取科研项目和研究资金的能力。例如，社会学家申请关于社会不平等的科研项目和研究资金时，先前在该领域的发表记录将是评估其项目可行性和重要性的关键因素之一。

二、学术论文对学术界的作用

（一）学科知识体系的构建

2022 年 4 月，习近平总书记在中国人民大学考察时指出："加快构建中国特色哲学社会科学，归根结底是建构中国自主的知识体系。"①而包括学术论文在内的优秀学术成果，无疑是构建中国自主知识体系的基石。例如，学者们对中国乡村振兴和脱贫攻坚实践进行深入研究，撰写并发表优秀学术论文，逐步构建起了中国农村发展学知识体系。

（二）学科发展与边界拓展

学术论文是学科知识传递和学科发展的主要载体。通过学术论文的撰写与发表，人类可以不断积累知识，并推动学科发展。同时，随着学科间界限的日渐模糊，学术论文成为不同学科间交流合作的桥梁。新的理论和方法的交叉应用，有助于拓展学科边界，推动新学科的产生。此外，挑战现有理论是学科发展的驱动力。例如，一篇质疑现有性别角色观念的论文，通过提出新的理论框架，可能会挑战传统性别研究的范畴，引领更加开放和包容的性别认识论探讨。

（三）新理论的验证与推广

学术论文通过对现实问题的深入分析和研究，为解决复杂的社会问题提供理论支撑和实践方案，并由此产生新的理论。而新理论如果得到更多学术论文的验证，则可能得到广泛认可与推广。例如，以中国人民大学商学院贸易经济系易靖韬教授为核心的学术力量对近年来蓬勃发展的中国及全球数字平台的商务实践进行深入研究，并结合跨

---

① 胡海波. 努力建构中国自主的知识体系［N］. 中国社会科学报，2022-06-28（8）.

国公司管理战略，在全球首次提出了数字生态竞争优势（Ecosystem-Specific Advantages，ESA）理论。易靖韬教授于2019年12月12日参加"第八届中关村大数据日"接受记者采访时表示，ESA理论得到了国际学术界的高度重视和认同，被视为继波特竞争战略理论之后的重大理论创新，成为影响未来50年全球商业发展的奠基性理论之一。[①]

三、学术论文对教育界的贡献

（一）教材和课程的发展

一篇优秀的学术论文无疑是对特定领域知识的一次增补。例如，人工智能、物联网、云计算等新一代信息技术的兴起为制造业转型升级与高质量发展提供了机遇。在此背景下，刘虎沉、王鹤鸣和施华（2024）在国内外质量管理相关研究的基础上，基于我国制造业质量管理实际，提出了一种新的质量管理概念，即智能质量管理。[②]随着这一概念的提出，讲授"质量管理"课程的教师要想确保学生能够接触到最前沿的知识和理论，就需要更新教材和课程内容，以融入最新的研究成果。

（二）新一代学者的培养

学术论文的撰写训练可以帮助青年学生学会如何进行独立研究，分析数据，并撰写自己的研究论文。通过参与学术研究和学术论文的撰写，青年学生不仅能够提升自己的研究能力，还能学习如何在学术界有效地表达自己的观点，进而逐步成长为新一代学者。

---

① 宁川. 数字经济时代的历史性机遇，中国提出新一代世界级管理理论 [EB/OL]. （2019-12-17）[2024-04-02]. https://k.sina.com.cn/article_5508560531_14855f69300100orev.html.

② 刘虎沉，王鹤鸣，施华. 智能质量管理：理论模型、关键技术与研究展望 [J]. 中国管理科学，2024，32（3）：287-298.

（三）学生综合能力的锻炼

学术论文的撰写需要学生针对某一问题进行深入研究，需要学生学会发现问题、提出问题、分析问题和解决问题。在此过程中，需要查找资料、评估证据、谋篇布局，清晰明了地阐述自己的观点等。可见，撰写学术论文有助于锻炼学生的综合能力。因此，从培养人的角度来看，即使是本科阶段的毕业论文，也不是"鸡肋"，而是必需。①

四、学术论文对社会发展的价值

（一）政策制定与改进的依据

一方面，一些学术论文中的研究结果可以为政策制定提供重要依据。政策制定不能仅凭主观臆断或经验，而需要有科学的研究作为支撑。一些实证学术论文中的研究结果通过严谨的方法和数据得出，可以让政策制定者了解到真实的情况和问题所在。另一方面，一些学术论文有助于发现政策的空白和不足。一些论文研究结果可能揭示出某些领域尚无有效的政策覆盖，或者现有政策存在缺陷和漏洞，从而可以促使政策制定者及时调整和完善政策。比如，早在1999年，时任国务院发展研究中心研究员陈淮就在学术期刊《中国经济问题》上撰文指出，我国战略调整的一个必然选择就是要确立就业优先的原则。②2001年，中国科学院-清华大学国情研究中心主任胡鞍钢也在学术期刊《改革》上撰文呼吁国家实施就业优先战略，为人民提供更多的工作岗位。③随着学术研究的不断深入，党的十八大报告提出要

---

① 原平方. 本科毕业论文不是"鸡肋"，而是必需 [N]. 新京报，2018-04-23（A4）.

② 陈淮. 就业优先：战略调整的必然选择 [J]. 中国经济问题，1999（3）：15-17.

③ 胡鞍钢. 实施就业优先战略，为人民提供更多的工作岗位 [J]. 改革，2001（1）：29-33.

"实施就业优先战略和更加积极的就业政策"，党的十九大报告进一步强调"要坚持就业优先战略和积极就业政策，实现更高质量和更充分就业"，党的二十大报告则明确提出要"强化就业优先政策，健全就业促进机制，促进高质量充分就业"。

（二）公众知识水平的提高

学术论文在提高公众知识水平方面发挥着重要作用。

第一，学术论文通常包含了最新的研究成果和发现，这些成果往往是公众通过其他渠道难以获得的。通过学术论文的发表和传播，公众能够及时了解学术界的最新进展，从而提高自己的知识水平。

第二，许多学术论文在发表时会尽量使用通俗易懂的语言，使得复杂的科学原理和研究成果能够被非专业人士理解。这有助于将专业知识转化为大众知识，提高公众的科学素养。

第三，学术论文经过同行评审，具有较高的学术严谨性和权威性。公众可以通过阅读学术论文来获取可靠的信息，避免被不实或误导性的信息所迷惑。

（三）社会的进步与发展

通过学术论文的撰写与发表，作者还可以在推动技术创新、社会发展等方面起到积极作用。

第一，学术论文是知识创新的载体，通过学术论文的发表，新的理论、观点和技术可以被广泛传播，为其他研究者提供灵感和研究基础，从而推动学科领域的知识积累和技术进步。

第二，在自然科学领域，学术论文往往伴随着技术革新。这些论文发表的成果可以转化为实际应用，促进产业升级和技术革新，推动经济发展和社会进步。

第三，在哲学社会科学领域，学术论文对文化的研究和阐释有助于弘扬民族优秀文化，促进文化的传承与发展，提高国民的文化素养和社会文明程度。

第二节 学术论文的要求

"在我眼里，好学生和差学生的唯一区别只是他有没有认真地完成过他的使命，那就是做好一项研究，完成他的毕业论文，收获他应该收获的，因为无论未来做什么，这种简单的认真都是重要的。"

——上海交通大学教授陆铭

一、学术论文的基本要求

一般来说，学术论文包括在期刊上公开发表的论文和用于申请不同级别学位的学位论文两种。但一篇优秀的学术论文，不论是期刊论文还是学位论文，均应符合以下基本要求：

（一）具有创新性

创新性是学术论文的显著特征，也是衡量论文学术价值的基本标准。同时，创新性是《中华人民共和国学位法》对博士学位申请人的明确要求。该法第二十一条规定："学术学位申请人应当在学术研究领域做出创新性成果，专业学位申请人应当在专业实践领域做出创新性成果。"该法第三十三条规定："博士研究生应当努力钻研和实践，认真准备学位论文或者实践成果，确保符合学术规范和创新要求。"党的二十大报告则明确提出："培育创新文化，弘扬科学家精神，涵养优良学风，营造创新氛围。"因此，研究者所研究的课题要尽量在材料、角度、观点、方法、理论等方面具有创新性。

（二）论题明确

学术论文必须有一个明确的、贯穿全文的中心论题。这是作者试图在论文中探讨或论证的一个基本问题或基本观点，应该是具体、独特且可研究的。同时，学术论文的论题要具有研究价值，通过对该论题的研究，应能解决本学科、专业范畴内前人没有解决的理论问题或某一重要问题中的一个环节，或将其他学科领域中的理论或方法引入本学科，解决某一有意义的理论问题或实际问题。

（三）结构严谨

结构是学术论文的骨架，是谋篇布局的手段，是组织、运用材料反映命题的关键环节。所谓结构严谨，是指学术论文在结构完整的基础上，谋篇布局、开头结尾、段落层次、过渡照应、线索顺序等方面都能体现作者清晰缜密的思路，体现客观事物的严密逻辑，体现人们认识事物的客观规律。要注意构筑论文各章节之间的有机联系，论文内的各个段落都有目的性，都要在论文中有一个被分配的位置。论文中的任何一句或一段都应是有意图的，而且要让读者清楚明白你的意图。如果论文中有一段话，读者不明白写这段话的目的是什么，和前后文的关系是什么，和整篇论文或所在章节有什么关系，那么论文在结构方面就不够严谨。

（四）行文流畅

行文流畅是对学术论文语言表达的基本要求，就是指论文的语言运用规范、准确、连贯、得体，读起来文从字顺，通畅流利。具体来说，语言表述应该简洁明了，不能啰里啰唆、含混不清；用语应该准确，不能词不达意；语意应该通畅连贯，不能前言不搭后语；词汇要丰富，不能贫乏；描写应该具体、细腻、生动形象，不能笼统、粗糙、枯燥乏味；读起来要朗朗上口，不能佶屈聱牙，令人难以读懂。要做到行文流畅，研究者在写完论文后，应将论文通篇朗读一遍，并调整修改拗口的语句。

（五）格式正确

在格式方面，学术论文应该做到标点符号使用规范，文字图表清晰整齐。同时，各篇章节目的字体字号、行间距、首行缩进、注释和参考文献的标注等均应符合学位授予单位的格式要求。不同的学术期刊和学位授予单位在学术论文的格式要求方面都有具体规定，研究者撰写学术论文时要找到这个规定并仔细阅读，严格按照要求调整自己的论文格式。

（六）遵守学术规范

所谓学术规范，是指在学术共同体内形成的进行学术活动的基本规范，或者根据学术发展规律制定的有关学术活动的基本准则。撰写学术论文，必须严格遵守学术规范，杜绝学术作假行为。由中华人民共和国教育部令第34号公布的《学位论文作假行为处理办法》规定的学位论文作假行为包括下列情形：

第一，购买、出售学位论文或者组织学位论文买卖的；

第二，由他人代写、为他人代写学位论文或者组织学位论文代写的；

第三，剽窃他人作品和学术成果的；

第四，伪造数据的；

第五，有其他严重学位论文作假行为的。

二、学术论文的具体要求

一篇优秀的学术论文应符合以下具体要求：

（一）各级标题要尽量讲究排比

在学术论文中，同一层次的标题在形式上应讲究排比，即尽量做到句式一致、结构相同、字数相等、意义相关，以确保标题的美学特征。比如，湖南科技大学商学院本科生撰写的《大学生创业企业个案研究与启示——以游卡桌游为例》一文第2部分的4个标题分别为：洞悉市场环境，把握机遇；凝聚团队力量，分工协作；专注产品品质，精益求精；打造品牌 IP，多向推广。①这 4 个标题字数相等，均由两个短语组成，且第一个短语均为动宾结构，整体美感度较高。

（二）论文内容要做到前后呼应

在学术论文中，具体内容的前后呼应是非常重要的，这有助于确保文章的逻辑性、连贯性和一致性。对于实证论文来说，以下内容应做到前后呼应：

1.研究问题或假设

文章的引言部分提出的研究问题或假设应该在结果部分进行检验，并在结论部分得到回应，说明是否得到了验证或解答。

2.所运用的理论

文章在理论基础部分介绍的相关理论，在提出研究假设以及进行结果讨论时，应得到应用。

3.建议和未来研究方向

在文章的末尾提出的建议和未来研究方向应与研究结果和局限性相呼应。对于案例论文来说，文章的启示或建议应与案例对象的具体特点（如优势与劣势、成功经验与现有不足等）相呼应。

（三）对策或建议要力求切实可行

对某些学术论文来说，常常需要提出对策或建议。而判断对策或建议好不好的一个重要标准就是是否切实可行。很多学生因为不重视或者不会撰写对策或建议部分的内容，提出的对策或建议仅仅停留在"口号"层面，难以落地。而切实可行就是要让读者看了之后就知道应该如何具体操作。比如，《新生代农民工"技能荒"破解策略探

---

① 吴沁倩，钟艳如，杨蒨，等.大学生创业企业个案研究与启示——以游卡桌游为例［J］.技术与市场，2022，29（7）：29-31.

究》一文提出的"各级政府要做好宣传工作，加深新生代农民工对政府补贴培训的理解"这一对策的具体内容如下①：

政府有关部门要抓住新生代农民工春节返乡的有利时机，在各级电视台、春运列车和长途大巴上播放宣传政府补贴培训的节目，并在火车站、汽车站的醒目位置张贴宣传政府补贴培训的海报。同时，基层政府还可以印发宣传单，介绍参加政府补贴培训的方式以及本地定点培训机构的基本情况，并让村干部将其派发到本村的新生代农民工手中。

素养园地

资料一　　在坚持"四个面向"中弘扬科学家精神

面向世界科技前沿、面向经济主战场、面向国家重大需求、面向人民生命健康，习近平总书记在主持召开科学家座谈会时提出"四个面向"，回答了科技创新朝什么方向努力、向什么目标发展等重大问题。党的二十大围绕"加快实施创新驱动发展战略"作出战略部署，排在首位的就是坚持"四个面向"，鼓励广大科技工作者从经济社会发展和国家安全面临的实际问题中提炼科学问题，勇闯"无人区"，敢啃"硬骨头"，奋力跑出建设世界科技强国的"加速度"。

从一份设计方案到载客突破1 000万人次，陈勇用"20年只做一件事"的坚守，见证了ARJ21国产飞机从无到有的历程；从一个杂合体到形成自交系，要经过七八代的种子选育，番兴明在田间地头接足"地气"，才有了新品种取得高产突破的"底气"……

当前，世界百年未有之大变局加速演进，科技创新的广度深度速

---

① 郭云贵，陈俊. 新生代农民工"技能荒"破解策略探究 [J]. 北方经济，2019（8）：65-68.

度持续攀升。我国实现高质量发展，迫切需要科技创新给出解决方案，也迫切需要广大科技工作者想国家之所想、急国家之所急、应国家之所需，为推动经济社会发展作出贡献。

坚持"四个面向"，科学研究锚定航向，有助于推动实现高水平科技自立自强。嫦娥揽月、蛟龙入海、祝融探火，新技术支撑起大国重器；人工智能、数字经济蓬勃兴起，新产业积蓄发展动能……近年来，我国科技正在从量的积累迈向质的飞跃、从点的突破迈向系统能力提升，关键就在于科学技术研究和经济社会发展加速渗透融合，"四个面向"解决了科研做什么的问题，引导广大科技工作者真正把论文写在祖国的大地上。

坚持"四个面向"，大力弘扬科学家精神，有助于促进关键核心技术加速攻关转化。科学成就离不开精神支撑。科学家精神是科技工作者在长期科学实践中积累的宝贵精神财富，科学研究需要长期专注投入、严谨求实、艰苦奋斗，离不开科学家精神的支撑！它感召着科技工作者奋勇攀登，也激励着大家主动担负起时代赋予的使命责任。

纵观全局，要进一步优化科技创新生态建设，引导广大科技工作者将自身科研兴趣与"四个面向"紧密结合起来，从体制机制上为培育和弘扬科学家精神提供有力支撑，在全社会形成尊重知识、崇尚创新、尊重人才、热爱科学、献身科学的浓厚氛围，让越来越多的创新成果竞相迸发、如泉涌流……

资料来源：谷业凯. 在坚持"四个面向"中弘扬科学家精神［N］. 人民日报，2024-01-02（6）.

【价值塑造】

使学生了解坚持"四个面向"进行科技创新的重要性，引导学生自觉将科学研究与国家需求联系起来，把论文写在祖国的大地上。

资料二　　　　　　　　　　执着：马天琼

2018年7月6日，美国 Science 杂志发表了以兰州大学为第一通讯单位，北京大学、加州大学伯克利分校共同合作在共价有机框架材料领域中取得的最新研究成果，第一作者是兰州大学化学化工学院、功能有机分子化学国家重点实验室王为教授课题组的博士马天琼。

马天琼2006年考入兰州大学物理科学与技术学院进行本科学习，后成为化学化工学院推荐免试研究生，2018年获得兰州大学理学博士学位。她用12年的青春时光，在兰大一方小小的实验室里，不断进行科研的探索。2011年，马天琼来到王为教授的课题组中，埋头科研，蓄力七年，收获了磨砺与成长。为了研究LZU-111的结构，马天琼自学晶体学和计算机结构模拟。那段时间，她的实验没有任何进展，但她仍然每天早上很早来到实验室，先洗一桶玻璃仪器，然后抱着电脑和一本《X-射线晶体学》，一言不发地躲在角落里看书。功夫不负有心人，马天琼终于在无数次实验后，第一次模拟出了材料的粗略结构，这也极大地鼓舞了她继续做科研的决心。2013年，受殷小天博士的启发，她查阅大量文献，并尝试各种条件，希望能生长出COFs材料的大单晶，通过单晶衍射方法得知精确结构。马天琼说："我已经记不清自己筛选过多少合成条件，做过多少材料，失败过多少次了，有时做梦都能梦到金光闪闪的大晶体在远远地向我招手。"有人劝她放弃这么艰难的课题，做一些容易的工作，尽快发表文章，准备毕业。甚至有时家人都会替她着急，问她读博什么文章都不发表还比别人花了更长的时间"耗"在实验室。但执着的马天琼却决定坚持下去："这个课题虽然很难，但她是我的梦想，我相信自己的晶体一定能够长成大单晶！我不舍得放弃，更不应该放弃。"

凭借着这样的执着精神，马天琼坚定地走在别人没有走过的路上，执着的攻破一个又一个难题。目前她已前往美国加州大学伯克利分校OmarYaghi教授课题组，准备开展下一阶段的博士后研究工作，继续实现她关于单晶的美丽的梦。

资料来源：肖坤，卢婷婷，王洪梅. 执着：马天琼［N］. 兰州大学报，2019-08-30（13）.

【价值塑造】

使学生明白高质量科研成果的取得需要长期的投入与坚持，鼓励学生成为甘坐"冷板凳"的科研工作者。

阅读与思考

柯荣住：坚持用理想主义做"烟火气"的研究

20多年前求学浙大，他勤奋向学收获了亮眼成绩，打下学术生涯的扎实基础；如今重回母校，他甘坐"冷板凳"投身基础研究，亦扎根中国大地推动创新发展。寻求兼具出世的客观和入世的执着，柯荣住在经济学领域里始终素履以往、探求真知。

一、有契合，更有勤勉

"经济学是一门文理交叉的科学。"柯荣住对经济学的最初感知，来自高中老师的一句介绍。也是因为这个原因，文理科均衡发展的柯荣住在填报高考志愿时不假思索地将经济学放到了最前面，并最终梦想成真。

翻看他在学生时代的科研成果，会让人不由自主地赞叹。当时，他在应用激励理论研究中国社会一些特殊现象与案例方面，已形成了一系列有影响的研究成果。在包括《经济研究》《中国社会科学》《中国社会科学季刊（香港）》等在内的各类核心期刊上发表学术论文20多篇。其中有3篇被作为当年度最佳的十篇论文之一收入1997年、1998年和2002年的《中国经济学》系列。据统计，柯荣住是被收入该系列的作者中最为年轻的学者，也是被收入文章数最多的学者之一。

而这份亮眼的学术成绩背后，除了他感受到的"与这个学科的契合"，更有好奇心驱使的勤勉不辍。大一就决定将学术研究作为人生事业的他，在掌握好专业知识的同时，广泛阅读心理学、社会学、人类学等各领域的书籍，并且从大二起就有意识地进行学术训练。

柯荣住投稿的第一篇论文原型，是浙江大学文科资深教授史晋川"经济模型与经济分析"课程的结课论文。"写作的开始，我就用高水平论文的标准来要求自己，后来发现了一些有趣的现象，心情也越来越激动，结果写出两万字，"柯荣住回忆，"史老师看到后，帮我逐字逐句地修改，并鼓励我向当时国内的新锐杂志《中国社会科学季刊

（香港）》投稿。当时还不知道这本杂志通常刊登的都是大家之作，初生牛犊不怕虎，我就投了。"而令人惊喜的是，这篇文章《长期谈判的均衡问题：制度变迁和博弈——兼论"科斯定理"的改进》不仅被《中国社会科学季刊（香港）》录用，还成为1997年《中国经济学》收录的15篇文章之一，也是该系列收录的唯一的本科生论文。

而在那之后的学术旅程中，不管是广泛阅读之后的融会贯通，还是灵感乍现后的深入思考，他都带着那份"探求真知得以满足的激动"，乐此不疲行至今日。

"浙大求学的七年时光，奠定了我整个学术生涯的基础，"回忆起在浙大求学的7年时光，柯荣住倍感幸运，"当时我跟学院里研究兴趣和专长多样的老师们都有着频繁密切的互动。老师们总是耐心地答疑解惑，还常带我参加各种学术研讨会、开展实地调研。这些经历是我弥足珍贵的人生财富。"

二、要纯粹，更要坚持

2004年，柯荣住前往麻省理工学院经济系攻读博士学位。在那里，他选择了做更有难度的基础性研究课题，并坚持到现在。在激励理论这个重要领域，围绕激励理论数理模型的深层次逻辑结构、激励机制的刻画及性质、激励理论的检验及其在不同场景下的应用等前沿方向，柯荣住深耕十余年，在 *Journal of Labor Economics*、*Operations Research*、*Theoretical Economics*、*Management Science*、*SIAM Journal on Optimization* 等国际权威经济管理专业杂志上发表多篇论文。

他在委托代理理论这个非常基础且颇具挑战性的领域开展工作，提出了一个可以兼容但又比一阶条件方法更为一般的方法，实现了在更广泛的情形下处理委托代理问题，为简化激励相容约束开辟了新路径。

另一项代表性工作则在组织经济学领域，他和合作者提出将组织的晋升决策与组织的最优人事决策放在一个统一的框架内，分析晋升、组织架构、岗位的编制、内部提拔或外部空降等一系列人事政策。这项工作从纯激励角度为组织的内部劳动力市场和人事政策的特征提供了系统性的解释。而值得一提的是，这项重要工作的萌芽，可以追溯到他1998年在浙大读书时调研国内著名民营企业——希望集团时的一个发现。学生时代打下的基础，仍在潜移默化中助力新的研究。

2020年6月，柯荣住回到母校。在这里，他一方面延续之前的基础研究方向，另一方面围绕"数字经济""共同富裕"等社会热点问题开展应用研究，一系列成果正在孵化涌现。

"如何做好经济学研究？"面对学生的提问，柯荣住给出的答案是——以理想主义打底，用世俗智慧加持，靠知识结构支撑。

柯荣住解释，做好任何一项学术研究都需要一些理想主义，要真正沉下心来，怀有探索未知、满足好奇、追求真理的纯粹目的。同时，经济学的研究内容还要求我们在这份理想主义的基础上多一份"烟火气"，要对人的行为偏好、人与人之间互动形成的社会秩序有所体悟和理解。最后，他勉励学生培养自己宽广的知识面。"正如凯恩斯描述的那样，'杰出的经济学家应该具有罕见的各种天赋的组合。'学科交叉是经济学的内在要求。"柯荣住说。

在这个深感契合、又矢志追求的研究领域里，柯荣住有一个远大的目标："庞大的社会经济系统里有很多未知的关系和运作方式，希望能够尽自己的微薄之力增加人们对这一领域的认识和理解，并使之成为公众的常识，推动整个社会的和谐进步。'究天人之际，通古今之变，成一家之言'是许多中国学者的毕生追求。虽不能至，心向往之。"而他正在朝着这个目标继续前行。

资料来源：马宇丹. 柯荣住：坚持用理想主义做"烟火气"的研究 [EB/OL]．（2022-07-28）[2024-03-05]. https://www.zju.edu.cn/2022/1024/c41533a2656862/pagem.htm.

思考题：柯荣住的经历对你有何启发？

复习与思考

1.学术论文的基本要求有哪些？
2.学术论文的具体要求有哪些？

第二章 学术研究前期准备工作

学习目标

通过本章学习，了解学术论文选题的重要性和原则以及题目拟定的基本要求，熟悉拟题中常见的问题以及常用的研究方法，掌握选题的方法以及确定题目的方法与技巧。

第一节 确定选题

2020年9月11日，习近平总书记在科学家座谈会上强调："科研选题是科技工作首先需要解决的问题。我多次讲，研究方向的选择要坚持需求导向，从国家急迫需要和长远需求出发，真正解决实际问题。"

一、选题的重要性

（一）选题是学术论文写作的起点

学术论文的选题决定着研究的方向和目的，它在整个学术论文撰写过程中具有战略意义。题选得好，可以事半功倍；题选不好，可能事倍功半，甚至半途而废、劳而无功。英国著名物理学家贝尔纳指出："课题的形成和选择，无论是作为外部的经济技术要求，抑或作为科学本身的要求，都是科研工作中最复杂的一个阶段。一般说来，提出课题比解决课题更困难。如果再加上人力和设备都具有一定的局限，则产生的课题更多，是无法一下子全部解决的。所以评价和选择课题，便成了研究战略的起点。"①希尔伯特也认为"问题的完善提法意味着问题已经解决了一半"②。因此，我们需要深入问题本身进行细致分析，从而准确把握问题产生的现实根源和基本矛盾。在解决问题时，我们也需要跳出并摆脱问题的局限，从更宏观的角度出发，探索出有效的解决途径和方法。只有这样，我们才能确定论文的选题并全面探究问题的深度和广度。

（二）选题决定着学术论文价值的大小

题目选好了，就好比找到了储量丰富、开采便利的矿藏，研究越多，收获越多，兴趣也越大。因此，选题是否恰当直接影响到学术论文的质量，关系到论文的价值，决定着论文的成败。爱因斯坦曾经说过："提出一个问题往往比解决一个问题更重要。因为解决一个问题也许仅是一个数学上的或实验上的技能而已。而提出新的问题，新的可能性，从新的角度看旧的问题却需要有创造性的想象力，而且标志着科学的真正进步。"③我国著名哲学家张世英曾指出："能提出像样的问题，不是一件容易的事，却是一件很重要的事。说它不容易，是因为提问题本身就需要研究；一个不研究某一行道的人，不可能提出某一行道的问题。也正因为要经过一个研究过程才能提出像样的问

① 贝尔纳. 科学研究的战略 [C] //中国社会科学院情报研究所. 科学学译文集. 中国社会科学院情报研究所，译. 北京：科学出版社，1980：28-29.

② 坂田昌一. 新基本粒子观对话 [M]. 张质贤，译. 北京：生活·读书·新知三联书店，1973：45.

③ 爱因斯坦. 物理学的进化 [M]. 周肇威，译. 长沙：湖南教育出版社，1999：66.

题，所以我们也可以说，问题提得像样了，这篇论文的内容和价值也就很有几分了。这就是选题的重要性之所在。"①

（三）选题影响着学术人的长远发展

对于今后有志于从事学术研究的学生来说，要从自己今后拟长期深耕的研究领域来考虑论文选题问题。因为"吾生也有涯，而知也无涯"，所以做学问最好在一个小的领域精耕细作，这样才可能取得高水平的成果。暨南大学孙东川教授曾把学术旅程类比人生旅程，"建议各位博士要与自己的博士学术论文选题终身为伴，白头偕老。非如此，不足以出高水平成果、大成果"。"你选择什么题目都可以，一旦选了，就要矢志不渝，与之'白头偕老'；而不是浅尝辄止，'始乱终弃'。任何题目，只要锲而不舍，执着地做下去，总是可以出成果的。""越是难做的题目，只要你不怕困难，坚持做下去，就越有可能取得了不起的成果。"②

二、选题的原则与方法

（一）选题的原则

1.价值性原则

学术论文选题的价值性原则要求选题"值得去做"，这体现学术研究的目的和科学价值。从研究者的立场看，学术研究的基本目的在于对社会现象和行为特征进行描述与解释，以帮助人们更好地认识世界；学术研究的更高层次目的则是达成预测与控制等积极功能，进而改善

---

① 王力，朱光潜，等．怎样写论文——十二位名教授学术写作纵横谈［M］．沈阳：辽宁教育出版社，2006：71.

② 孙东川．与博士学位论文选题"白头偕老"——寄语青年学子和他们的导师［J］．学位与研究生教育，2010（12）：6-10.

人类的生活质量。①其中，通过一系列研究，最终形成针对某一社会现象或行为特征的完整的描述解释系统，也就是理论。通过理论，我们可以对这个世界作出完整有效的解释与说明。同时，基于理论，我们还可以对尚未发生的事项进行预测，并对某些决定因素或条件进行操纵，促使其朝着有利于人类的方向发展。可见，科学价值包括理论价值和实践价值，选题至少要具备其一。在理论价值方面，选题的实施要能创新、修正或证实本专业领域中的某一理论，甚至发展出新的理论，以帮助人们更好地认识世界。在实践价值方面，选题的实施要能为解决国家或地区经济、社会发展中迫切需要解决的现实问题提供有益参考，以帮助人们改善生活质量。正如习近平总书记所言："当前，我国经济社会发展、民生改善、国防建设面临许多需要解决的现实问题。"②研究者在确立选题时，需要多关注这些现实问题。当然，在实践价值方面，我们也绝不能一味强调眼前而不顾长远。如果选题符合整个社会发展和文化积累的长远需要，也是很有价值的选题。

2.创造性原则

在确立学术论文选题时，要以题目本身是否具有先进性、新颖性为原则。这就要求选题有与众不同之处，不能重复别人的研究；否则，不仅满足不了经济、社会发展的需要，不能创造价值，而且会造成社会财富的浪费。这就要求广大科技工作者积极响应习近平总书记的号召："树立敢于创造的雄心壮志，敢于提出新理论、开辟新领域、探索新路径，在独创独有上下功夫。要多出高水平的原创成果，为不断丰富和发展科学体系作出贡献。"③具体而言，选题的创新性可以体现在研究对象、研究方法、研究角度、研究理论、研究内容等方面。同时，选题的创造性并不在于问题本身如何古老，不在于前人在这个问题上做了多少研究工作，而在于研究者是否把握了课题的本质

---

① 邱皓政. 量化研究与统计分析——SPSS中文视窗版数据分析范例解析［M］. 重庆：重庆大学出版社，2009：3.

② 习近平. 在科学家座谈会上的讲话［N］. 人民日报，2020-09-12（2）.

③ 习近平. 在科学家座谈会上的讲话［N］. 人民日报，2020-09-12（2）.

内容，找到问题的症结所在，进而有创造性的突破。选择前人未做过的问题当然有创造性，但古老问题也可以研究出具有创造性的成果。要善于把继承和创新结合起来。科学研究总是在前人已经作出的科学发现的基础上进行探索，站在前人已经达到的科学高峰上向更高的科学高峰攀登，不继承前人的成果和思想，就谈不上创造。同时，科学研究又总是在前人还没有问津的处女地上开垦，不解放思想、突破框框、独辟蹊径、标新立异，就无所作为。所以创造性原则应是继承和创新的辩证统一。

3.科学性原则

选题的科学性是指选题要有科学的事实根据和理论根据，而科学的理论根据归根结底也是以事实为基础的。因此，选题的科学性原则其实是要求研究者在选题时坚持实事求是的基本精神。著名的科学家巴甫洛夫曾说：无论鸟翼是多么完美，但如果不凭借空气，它永远不会飞向高空。事实就是科学家的空气。你们如果不凭借事实，就永远飞不起来。

看选题是否具有科学性，一要看它是否以被科学实践所反复证明、符合客观规律的科学理论为依据；二要看它是不是事实，是否符合客观实际。如果选题违背科学性原则，问题就会陷入非科学或伪科学的歧途，使研究一无所获。例如，牛顿晚年证明上帝存在的研究课题，以及种种"永动机"的研究课题，都是违反科学性原则的，其结果必然导致研究的失败。

4.可行性原则

可行性原则要求研究者根据实际具备的和经过努力可以具备的条件来确立选题。这就要求研究者在确立选题时充分考虑自己的理论水平、知识结构、研究兴趣、信心、心理素质、思维方式等主观条件，以及经费、数据、资料、政策和法规规定、道德舆论等客观条件，从而扬长避短，发挥自己的优势，量力而行。科学需要猜想，但猜想并不就是科学。要把猜想变成科学，就要满足可行性的原则。习近平总书记指出："原创一般来自假设和猜想，是一个不断观察、思考、假设、实验、求证、归纳的复杂过程，而不是简单的归纳。"①因此，研究者需要不断地进行观察、思考、实验、求证，以确保选题的可行性。如果不具备可行性，即使问题合乎价值性、创造性、科学性原则，也无法进行。当然，所谓"可行"并非说把难度较大而有重要意义的选题放弃，专门去选择那些无意义但是容易做的课题。而是说，应该研究那些既有价值又可行的问题，或者说力所能及的问题。

5.以小见大原则

选题要从大处着眼，小处入手，以小见大，选择相对较小的、自己能够驾驭的题目，把问题讲深讲透，做到小切口、深剖析。如果题目太大、太宽泛，很容易写得肤浅，没有价值。因此，选题宁可小一些而不要太大，宁可窄一点而不要太宽。做到选题的"小、窄、精、深、新"，才便于聚焦、深入，出高水平的成果。小且具有一定针对性的题目，通常能清晰地界定其研究角度、具体对象、求解问题等。研究者可以通过缩小问题的地域范围、限定问题的研究对象、限定问题采用的研究方法、限定问题采用的学术理论等方式来缩小题目，做到以小见大。

6.兴趣性原则

在遵循以上原则的基础上，选题还应符合兴趣性原则，即根据个人兴趣来确定。兴趣，是人们力求认识某种事物和从事某项活动的意识倾向，它也是学术论文撰写能否获得成功的一个重要因素。如果研究者对选题有兴趣，就会觉得学术论文撰写过程完全是一种自我需要，责任感和主动性会油然而生，内驱力和对成功的渴望也会随之增强，在行动上就会积极主动地搜集资料、细致阅读、深入思考和勤奋写作。反之，如对选题不感兴趣，淡然处之，就不会对学术论文倾注自己的全部心血，论文也就不易获得成功。古今中外，这方面的事例不胜枚

---

① 习近平. 在科学家座谈会上的讲话 [N]. 人民日报，2020-09-12 (2).

举。英国著名动物学家珍妮·古多尔（Jane Goodall），从孩提时代起就对动物产生了浓厚兴趣，小时候钻进鸡窝一待就是几个小时，为的是看母鸡究竟如何下蛋。她刚满8岁，就打定主意长大后要去非洲与野生动物为伍。当她18岁中学毕业时，毅然动身去非洲考察黑猩猩，终于在动物研究史上第一个初步揭开野生黑猩猩的行为奥秘，登上动物行为研究课题的最高峰。[①]所以，研究者在确立选题时，有必要考虑自己的兴趣。

（二）选题的方法

1.文献分析法

文献分析法就是通过分析已有的文献资料，发现其中存在的尚未解决的问题，作为自己的选题方向。研究者可以通过在"中国知网"阅读自己学科领域排名靠前的几种期刊最近几期的目录，挑选出自己感兴趣的论文进行下载阅读，从中寻找值得研究的问题。比如，管理学领域的研究者可以在 AMJ（*Academy of Management Journal*，《美国管理学会学报》）、AMR（*Academy of Management Review*，《管理学会评论》）、ASQ（*Administrative Science Quarterly*，《管理科学季刊》）、SMJ（*Strategy Management Journal*，《战略管理杂志》）、JOM（*Journal of Management*，《管理杂志》）等外文期刊，《管理世界》《南开管理评论》《中国管理科学》《管理科学学报》《中国软科学》《会计研究》《经济管理》《管理评论》等中文期刊中寻找自己感兴趣的论文，通过阅读后找到值得研究的问题。特别地，研究者要多留意不同论文之间的分歧或冲突。因为存在争议的地方，往往就隐含了进一步研究的价值。

研究者也可以阅读自己感兴趣的述评/综述类论文，因为该类论文是对某一专题研究成果的系统归纳整理，并通常会在论文的最后一部分提出未来研究值得关注的问题，研究者可以从中快速地找到自己

① 龙龙. 久蹲鸡房观下蛋——英国动物学家珍妮·古多尔的故事 [J]. 今日小学生，2007（12）：8-10.

感兴趣的研究问题。在国内，《外国经济与管理》《心理科学进展》这两本期刊主要刊发高质量述评/综述类论文，研究者可以重点关注。比如，在青少年发展研究领域，一篇关于"人生目标/人生目的"的综述类论文在其"小结与展望"部分提出如下展望[①]：

拥有人生目的能够带来诸多积极发展结果的机制是什么？研究者认为可能有如下原因：人生目的能够影响个体的免疫功能、活力水平以及乐观水平；拥有人生目的能够带来主动的、健康的生活方式；人生目的带来渴望性的动机力量；人生目的促进最优资源配置（McKnight and Kashdan，2009）。但是这些解释都是假设性的猜想，需要进一步研究证实。

另外一篇关于"人生目标/人生目的"的综述类论文则在其"评价与展望"部分提出如下展望[②]：

如前文所述，人生目标具有明显的社会文化历史特点，然而，前文中大多数结论是基于西方文化背景的，因此，相关发现在多大程度上符合中国现状还有待检验。另外，在国内目前的多元价值观背景以及"丧文化"等青年亚文化流行的背景下，青少年很容易陷入人生迷茫、得过且过的状态（夏之焱，2016），因此，尽快展开人生目标的本土研究并将其成果运用于人生目标的培养十分必要。

同时，国外学者研究发现"人生目的有利于提高家长、教师和青少年自身都比较关心的学业成绩"[③]，而目前国内暂无有关"人生目

---

① 兰公瑞，李厚仪，盖笑松. 人生目的：一个能预示积极发展的心理结构［J］. 心理科学进展，2017，25（12）：2192-2202.

② 王彤，黄希庭. 心理学视角下的人生目标［J］. 心理科学进展，2018，26（4）：731-743.

③ 兰公瑞，李厚仪，盖笑松. 人生目的：一个能预示积极发展的心理结构［J］. 心理科学进展，2017，25（12）：2192-2202.

标与学业成绩关系"的研究成果。根据上述两篇综述论文指出的研究方向，结合对"人生目标"相关文献的研读，本教材主编之一郭云贵博士以"新时代背景下大学生人生目标对学业成绩的影响机制研究"为题申报湖南省教育科学规划课题并成功获批。依托此课题，郭云贵博士及其合作者以 "The association between purpose in life and knowledge sharing behavior among Chinese university students： The mediating effects of gratitude" "Purpose in life and academic performance： Grit mediation among Chinese college students" 为题，已在SSCI来源期刊 *Journal of Psychology in Africa*、*Psychology in the Schools* 上发表学术论文各1篇（参见拓展阅读2-1和拓展阅读2-2）。

拓展阅读2-1　　　　　　　　　　　拓展阅读2-2

2.热点选题法

　　热点是比较受广大群众关注或者欢迎的新闻或者信息。那么，如何获取这些热点呢？一般来说，电视、报刊、网络、广播报道中高频出现的新闻事件往往是社会普遍关注的热点问题，而出现频率较低的有可能是尚未引起社会普遍关注的潜在热点问题。社会热点既反映了社会心态，又从一个侧面反映了日常生活世界的真实面貌，亟须我们作出科学的理论解释。研究者平时在看电视、读报刊、上网、听广播的时候，要带着专业的"头脑"，运用自己的专业知识对其中的热点和潜在热点问题进行思考和深度挖掘，找出符合自己专业要求的选题。同时，社会热点也往往会成为各个级别的社科基金项目、各个期刊和学术会议的重点选题或参考选题。因此，研究者如果自己对社会热点把握不准，也可以查阅国家和省级社科基金项目申报指南，以及本学科领域核心期刊和学术会议发布的重点选题或参考选题。比如，随着人口老龄化成为21世纪最重要的社会趋势之一，在近年来的社会政策讨论中，"延迟退休"一词频繁出现，引发了广泛的社会关注和热议。在此背景下，辽宁大学公共管理学院穆怀中教授依托其获批的2020年度国家社会科学基金重大项目"中国人口老龄化对经济增长的影响路径与政策选择研究"，撰写了《人口老龄化、延迟退休与经济增长》一文，依据国民财富人口结构均衡分配原理，构建延迟退休年龄与劳动力供给增加对经济增长贡献及其协同性计量模型，对延迟退休年龄引发劳动力供给变动以及经济增长的协同性和政策选择进行了探索。①

3.经验累积法

这种方法主要是凭借自己在生活中、学习上、工作上、组织内或组织间积累的经验去发现选题。这种选题方法需要研究者平时善于观察思考，能够发现日常工作生活中值得研究的问题所在，而且有助于针对问题找到有意义的答案。同时，根据自己平时的经验积累初步确定准备研究的方向、题目或选题范围，还需要通过查阅文献资料加以验证。因为自己的这个选题别人可能已经研究过，或者别人虽然没有研究过，但通过查阅文献资料发现自己尚缺乏足够的理由来加以论证。如果上述两种情况出现，就要放弃这个选题。只有通过查阅文献资料，发现自己的选题对别人的观点有补充作用，而且别人没有论及或者论及得较少，只要自己通过努力，就能够对这一题目作出比较圆满的回答，那么可以将选题确定下来。

4."灵感捕捉"法

运用"灵感捕捉"法确立选题就是要从转瞬即逝的思维或念头中寻找选题。在阅读文献资料时，在课堂上听老师讲课时，在与老师、

---

① 穆怀中. 人口老龄化、延迟退休与经济增长［J］. 中国软科学，2024（5）：70-79.

同学、朋友讨论交流时，有时会突然产生一些思想火花，突然感觉有所发现，尽管这种想法很简单、很朦胧，也未成型，但千万不可轻易放弃。因为这种思想火花往往就是创新之源，如果能及时捕捉，并顺势追溯下去，最终形成自己的观点，则是很有价值的。研究者要善于捕捉这样的一闪之念，抓住不放，深入研究。

5.移植选题法

移植选题法是指借鉴其他学科的方法、概念或理论研究本学科的问题，在正确理解其他学科基本原理和方法的基础上，与本学科特点和规律有机地结合。随着现代科学的发展，新兴学科和交叉学科不断涌现，打破传统的自然科学和社会科学的分界，学科之间相互渗透成为现代科学发展的重要特点，这是移植选题法的客观基础。他山之石，可以攻玉。将一门学科的方法和理论引入另一学科，往往会产生新的重大突破。研究者要善于发现不同学科研究对象与思维方法之间的联系，从其他学科的研究中得到启发，找到发现问题的工具。比如，东北财经大学国际商学院于森博士及其合作者以"企业数字化转型需要什么样的'领航员'：基于机器学习方法的考察"为题，根据高阶理论，采用机器学习的集成算法，构建高维预测模型，以2015—2022年我国A股上市公司为研究对象，考察并比较了CEO多维个人特征对企业数字化转型水平的预测效果。①

（三）选题中常见的问题

1.选题盲目求新求奇

学术论文选题盲目求新求奇是研究者容易出现的问题。一方面，很多研究者认为，选题"新、奇"，才能走在学术研究的前沿，才能

①　[1] 周毅. 研究生学位论文选题原则及方法 [J]. 学位与研究生教育，2009（10）：34-41. [2] 于森，刘铭基，赵旭. 企业数字化转型需要什么样的"领航员"：基于机器学习方法的考察 [J]. 中国软科学，2024（5）：173-187.

表明所确认的研究对象与众不同，才能使论文具有创新性。另一方面，随着研究生的逐年扩招，在学研究生规模逐年扩大。根据教育部公布的数据，2023年全国共招收研究生130.17万人，比上年增长4.76%。共有在学研究生388.29万人，比上年增长6.28%。其中，在学博士研究生61.25万人，比上年增长10.14%；在学硕士研究生327.05万人，比上年增长5.59%。[①]在此背景下，需要撰写学术论文的人数越来越多，研究者的学术论文选题也愈来愈难，一不小心，就有"撞车"的危险。基于以上两点，学术论文选题盲目求新求奇成为一部分在学研究生的趋向，甚至成为普遍心理。

2.选题过于平淡

有些研究者的学术论文选题过于平淡，缺乏应有的前沿性、挑战性和开拓性。比如，"企业薪酬体系设计中的若干问题研究"这一选题，不能说没有价值，但确实平淡。这样的选题，一是容易避重就轻，把理论和学术问题转变为技术性的或应用性的问题；二是容易泛泛而谈，如此研究对象就变得模糊不清了，甚至会陷入自己在研究什么都不清楚的尴尬境地，论文很难具有前沿性、挑战性或开拓性。

3.选题宽泛，缺乏问题意识

一些研究者认为"大"的选题写起来比较容易，可参考的资料多，可选择的实例多。然而，选题过大，由于思维能力的局限，在论述的过程中常会重点不突出，顾这顾不了那，最终什么也讲不深，什么也说不透。结果往往是整理众所周知的相关资料、重复他人反复讲过的观点，采用"信天游"式论述，论文写得"虚、大、空"，成为一篇平庸的学术论文。

---

① 陈鹏."数"说2023年全国教育事业发展［N］.光明日报，2024-03-02（4）.

三、题目的拟定

（一）题目的基本要求

选好题之后就需要拟定具体的论文题目。人们常说"眼睛是心灵的窗户"。学术论文的题目也是学术论文的"眼睛"。它是整篇论文内容的高度概括，是用简短的文字告诉读者自己所要阐述的是什么问题。好的论文题目能引起读者阅读的兴趣，起到很好的宣传作用。学术论文题目应该准确、简洁、鲜明，并且用词正确。

1.准确

所谓准确，就是用词要恰如其分，反映实质，不能夸大或缩小，更不能名不符实。例如："新员工的组织社会化研究"这类标题就欠准确，一是没有说明是研究企业里的新员工还是其他组织中的新员工；二是没有说明是从组织的角度还是从员工的角度来研究新员工的组织社会化；三是没有说明是研究新员工组织社会化的内容、过程还是策略。"企业新员工组织社会化内容结构及其与行为绩效的关系"这个题目则比较准确地反映了论文的内容、范围和深度。

2.简洁

所谓简洁，就是题目要简练、高度概括，用最简洁的文字将主题内容表述清楚。在能说明论文主题内容的前提下，标题越短越好，能省一个字则省一个字。很多学校一般都要求将题目字数控制在25个字以内。例如："重庆民营企业新员工组织社会化程度现状以及与离职倾向的关系研究"这个题目就不够简洁，可改为"重庆民营企业新员工组织社会化与离职倾向的关系"，因为要研究组织社会化与离职倾向的关系，肯定就会描述一下组织社会化与离职倾向的现状，没有必要在题目中说明。

3.鲜明

所谓鲜明，就是要一目了然，不费解，无歧义。同时，为了便于引证、检索和分类，让他人明确论文的所属范畴和研究方向，题目一般不用英文缩写、中文简称或商标等。比如，"Y软件公司员工离职的影响因素研究"这个题目，虽然中规中矩，但不符合鲜明性的要求，因为影响员工离职的因素有很多，有公司层面的，也有员工层面的，还受外界因素的影响。这样的题目不能让人一下子就抓住文章的主旨，不知道作者到底想从哪个角度去写。如果面面俱到，就很容易成为泛泛而谈之作。而"工作设计的新视角：员工的工作重塑"这个题目就一目了然，也能吸引读者阅读。

4.正确用词

学术论文题目由精心选择的词汇组成，一般仅为一个短语、词组或一个完整的句子。题目中不必写主词、动词和受词，只需要一个子句即可。①确定题目时应注意用词恰当，使用正确的专业术语，并尽可能流畅易懂，避免使用空泛和华丽的词藻，避免错别字、俚语和已淘汰的术语，避免使用"研究""探讨""观察"等通俗的字眼。题目中偶尔出现的外文姓氏，有现成中文译名的写中文译名，否则写原文。此外，题目内如有数字，10以下均用汉字，10以上则用阿拉伯数字。英文题目常省略冠词，除第一个词或专有名词的第一个字母大写外，其他均小写；也可除虚词外，每个词的第一个字母均大写。

（二）确定题目的方法与技巧

1.从科研设计的三大要素中确定题目

科研设计的三大要素为对象、处理和效应，即研究对象、研究方法和研究结果。一般而言，论文题目也由此三部分或其中两部分构

---

① 朱浤源. 撰写博硕士论文实战手册［M］. 台北：正中书局，1999：91.

成。例如，一项研究探讨企业现实工作场所中客观的绩效薪酬对雇员创造力的影响，以及人-工作匹配的调节效应和创造力自我效能的中介效应。该项研究的主要研究对象为企业雇员，研究方法为基于问卷调查的实证研究，研究结果是绩效薪酬对雇员创造力有主要效应，创造力自我效能在其中起中介效应，人-工作匹配在其中起调节效应，故题目可确定为"绩效薪酬对企业雇员创造力的影响：人-工作匹配的调节效应和创造力自我效能的中介效应"，如考虑题目太长，也可改为"绩效薪酬对雇员创造力的影响：人-工作匹配和创造力自我效能的作用"。

2.借鉴参考文献确定题目

写论文前，研究者都阅读了大量参考文献，每篇文献都有不完全相同的题目，研究者可选择与自己研究内容相近或研究范式相同的论文，借鉴其题目特点，确定自己学术论文的题目。

3.将关键词组合成题目

关键词最能直接反映文章的内容，如能恰当组合，往往就能形成文章的题目。例如，"组织公平与人格特质对员工创新行为的影响"这个题目，就是将组织公平、人格特质、员工创新行为3个关键词组合起来形成的。

4.反复推敲

好的论文题目值得花费时间推敲。对于写作之前确定的题目，写作过程中还要进行反复打磨，看是否符合题目确定的原则，是否准确反映了文章的内容，是否简练醒目，引人入胜。有时候在论文写作过程中会找到一个更完美、贴切的题目，这时就需要对写作之前确定的题目进行修改。论文写完之后，最好请老师和同学阅读，看论文题目是否与内容相符合，题目用词是否恰当，让他们提出意见和建议，力争做到一篇好论文有一个好题目。

（三）拟题中常见的问题

1.表述不当

啰嗦、过分修饰或滑稽的题目常常会削弱论文的严肃性。一些研究者对自己拟定的论文题目不斟词酌句，造成论文题目出现多字少字、逻辑混乱、成分残缺、搭配不当等现象；还有的研究者为了追求文字的新颖、生动，行文含义模糊，不能很好地表达论文所要讨论的主要问题或主要内容。例如，"企业人力资源管理模式研究——兼叙邮政企业人力资源管理模式的实证分析与展望"这个题目就显得啰嗦。从内容来看，该文共包括"人力资源管理模式分析框架、人力资源管理模式的发展研究、当前邮政企业人力资源管理模式的实证分析和发展研究"三大部分。那么我们可将题目修改为"企业人力资源管理模式及其在邮政企业中的应用"。

2.文题不符

研究者的论文题目常出现题目、提纲和内容不统一的问题。论文的题目是整篇论文的点睛之词，提纲是这个题目扩展出来的几个部分，内容是对提纲的进一步扩展，这就是所谓的一致性问题，一定要统一。题目、提纲和内容写完后一定要看一下，提纲的几个部分是不是题目的几个组成成分，论文内容表达的核心意思是不是提纲的几个部分。例如，"基于雇员和雇主视角的人力资源管理伦理问题比较研究"这篇硕士论文就存在文题不符的问题。从题目看，该文的重点应在"人力资源管理伦理问题的比较"，但整篇论文的三级目录中，只有"4.3雇员和雇主认知对比分析"体现了"比较"二字。

3.副标题使用不当

主标题是整篇学术论文总体内容的体现，而副标题是对主标题的补充、解说。从"中国知网"的检索结果来看，很多研究者的学术论文题目都使用了副标题。一般来说，加副标题是为了点明论文的研究对象、研究内容、研究目的，或者强调论文所研究的某个侧重点。但一些研究者不清楚副标题的作用，结果导致主副标题使用不当。例如，《民营企业危机管理策略——基于三株集团危机管理案例分析》这篇论文就存在这方面的问题。从题目来看，该论文应通过对三株集团危机管理案例的分析来剖析民营企业危机管理的策略。但从其论文的内容来看，该论文共分为五章，分别为引言、民营企业危机管理的相关理论、民营企业危机管理现状、三株集团的危机管理案例分析、民营企业的危机管理策略，其中第四章"三株集团的危机管理案例分析"与其他四章没有任何联系，只是独立地分析一个案例。这就完全违背了副标题使用的原则。

第二节　选择研究方法

一、常用的研究方法

不同学者在研究方法的划分标准和命名上有所不同，但以下四种研究方法范式都得到了承认，并在学术实践中被大量应用。

（一）思辨研究

思辨研究是研究者在个体理性认识能力及直观经验基础上，通过对概念、命题进行逻辑演绎推理以认识事物本质特征的研究范式。[①]

它具有四个特点：

①思辨研究以个体的理性认识能力为基础。思辨研究秉持理性主义的认识论，主张感觉经验只能提供关于事物表象的认识，必须通过

---

① 彭荣础．思辨研究方法：历史、困境与前景［J］．大学教育科学，2011（5）：86-88．

抽象、判断、逻辑、想象等理性认识能力去认知事物的本质。

②思辨研究以研究者的直观经验作为研究的出发点。研究者都是在自身经验和体验基础之上进行理性思考的。

③思辨研究的研究方式是对概念、命题进行逻辑演绎推理。这包含两层意思：一是思辨研究以抽象的概念、命题作为直接分析对象；二是思辨研究以逻辑分析作为具体研究方法。

④思辨研究以认识事物本质属性为目的。通俗地讲，思辨研究的目的就是对事物存在的本质与价值进行思考，从而对事物进行定性判断，即它属于什么，在世界上的位置是什么。[①]

（二）量化研究

量化研究是通过搜集和分析定量数据（数值型数据），以理解事物并预测其发展趋势的一种研究范式。它主要遵循验证性科学方法（证明逻辑），重点放在假设检验，强调从理论到假设到数据再到结论的逻辑过程。[②]量化研究经常通过变量来描述世界，试图通过阐明变量间的关系来解释和预测世界的各个方面。其中，变量能够承载不同的值或类别的条件及特征。比如，性别、年龄、民族、受教育程度等是常见的人口统计学变量。在量化研究中，根据变量承担的角色不同，可将其分为自变量（原因变量）、因变量（结果变量）、中介变量、调节变量和控制变量这五种不同类型。其中，自变量是引起另一个变量发生变动的变量；因变量是随另一个（或另几个）变量的变动而变动的变量；中介变量是存在于自变量与因变量之间，帮助描绘二者间影响过程的变量；调节变量是描绘在不同条件或情况下两个变量的关系如何发生变化的变量；控制变量是指那些除了自变量以外可能对因变量具有一定影响的变量。

常见的量化研究方法有问卷调查法、实验研究法和二手数据法。

---

① 潘懋元. 高等教育研究方法 [M]. 北京：高等教育出版社，2008：53.

② 约翰逊，克里斯滕森. 教育研究：定量、定性和混合方法 [M]. 马健生，等译. 重庆：重庆大学出版社，2015：19.

1.问卷调查法

问卷调查法是通过设计调查问卷来搜集研究所需数据，进而运用统计分析方法对数据进行处理和分析以揭示变量之间关系的一种研究方法。根据调查的次数和数据搜集方式，可以将问卷调查分为横截面调查、时滞调查和追踪调查三种类型。其中，横截面调查是在某一特定时间点进行问卷调查，同时搜集所有研究变量的数据，以分析变量之间的关系。时滞调查是在不同时间点对同一样本进行调查，先后搜集自变量、中介变量和因变量的数据，以分析变量之间的关系。追踪调查是在不同时间点对同一样本进行调查，每次均搜集所有研究变量的数据，以分析变量之间的因果关系。

问卷调查法主要包括问卷设计、样本选取、数据搜集和数据分析等四个步骤。

首先，研究者需要明确研究目的，再根据研究目的编写问卷题项，并确保题项的准确、简洁和易于理解，进而形成调查问卷。一般而言，如果研究的变量已有成熟量表，在设计调查问卷时应选用成熟量表。

其次，研究者需要选择一定数量的被调查者作为样本，并确保样本的代表性和可靠性。

再次，研究者可以通过现场发放、邮寄或将问卷录制到在线问卷平台进行分发等方式，让被调查者填写问卷。

最后，在问卷填写完毕后，研究者需要对问卷数据进行整理、编码和统计分析，以得出相关结论。

问卷调查法有许多优点：

（1）经济高效

通过同时向多个被调查者发送问卷，可以节约时间和成本。

（2）匿名性

由于问卷调查可以匿名进行，参与者不必担心自己的回答信息被泄露，可以更加自由地表达自己的观点。

(3) 方便快捷

研究者可以通过网络、纸质等多种方式发放和回收问卷,可以随时随地进行调查,研究结果也更便于统计分析。

(4) 适应性强

问卷调查法适用于各种不同的研究对象和研究问题,可以快速搜集大量的数据,从而更具代表性。

然而,问卷调查法也存在一些局限性。

(1) 信息不全面

问卷调查法只能通过被调查者填写的问题来搜集数据,无法获取非结构化信息,可能导致信息不全面。

(2) 回收率低

由于各种原因,被调查者可能不愿意或无法填写问卷,导致回收率低,影响调查结果的可靠性。

(3) 自我报告偏差

由于问卷调查法仅依靠被调查者的自述信息,存在回忆偏差、应答偏好和信息欺骗等潜在问题。

(4) 样本偏差

由于样本的选择和问卷的分发方式,存在更多的可能性导致样本偏差。

总的来说,问卷调查法作为一种重要的研究方法,在社会科学领域得到广泛的应用。通过问卷调查,研究者可以获得大量的数据,并进行统计和分析,从而得出科学、客观的结论和建议。然而,在应用问卷调查法时,研究者需要注意问卷设计、样本选择和数据分析等方面,以确保研究的可靠性和有效性。

2.实验研究法

实验研究法是由研究者根据研究问题设计实验,通过使用自变量、控制干扰变量，来观察因变量的变化，进而考察自变量与因变量之间因果关系的一种研究方法。在实验研究中，接受实验处理的一组研究对象被称为实验组（实验组可能有多个），不接受实验处理的一组研究对象被称为控制组（控制组也可能有多个）。通过同时对实验组和控制组进行前测和后测，比较两组的变化是否存在显著差异，以判断实验处理的效果。同时，为使实验组和控制组的组成要素（样本）具有相同的条件，可以采用配对和随机化两种方式。其中，配对（matching）是指对研究对象分组时，先找出具有相同属性的两个研究对象，将其中一个分派到实验组，另一个分派到控制组，然后以同样的方法一对一对地分派，直至形成两个组。随机化（randomization）是以随机分派的方式将实验对象分派到实验组和控制组（或各个不同的实验组）。有时候，因为无法做到对实验对象进行完全随机化分配，这样的设计被称为准实验设计，它可能会存在选择性偏差。

实验研究法通常包括以下几个重要步骤：

①研究者需要明确研究的目的和假设，并确定待研究的自变量和观察的因变量。

②研究者需要设计合适的实验方案，包括实验组和对照组的设置、实验条件的控制以及样本的选择等。

③研究者需要进行数据的搜集，通过观察、测量或问卷调查等方式来获取所需的数据。

④在数据搜集完成后，研究者通过对数据进行统计分析，从而得出实验结论，即支持假设或推翻假设。

实验研究法的优势在于可以控制实验条件，降低干扰因素的影响，从而能够更加准确地推断因果关系。它在医学、心理学、社会学等学科领域的研究中得到广泛应用。然而，实验研究法也存在一些限制，比如实验环境可能与实际情境存在差异，实验结果可能受到个体差异的影响等。

总之，实验研究法是一种重要的研究方法，它通过精心设计的实验来获取有关研究对象的客观数据，以验证或推翻研究者的假设。通过控制实验条件，实验研究法能够更准确地揭示因果关系，为科学研究提供有力工具。

3.二手数据法

二手数据法是一种利用已经存在的数据进行分析和研究的方法，这些数据由他人或机构搜集并整理，而不是由研究者搜集。二手数据的主要来源包括政府统计数据、上市公司年报数据、专业数据库等。其中，政府统计数据主要包括政府统计部门发布的各类统计年鉴、普查数据等。上市公司年报数据主要包含了公司的财务状况、经营成果以及股东权益等信息，这些信息通常是为了满足监管要求、向投资者和其他利益相关者披露企业的运营状况而准备的。专业数据库包括CSMAR、CMDS、CGSS、CFPS、CHARLS、CEPS等，这些数据库在中国学术界被广泛使用，为研究者提供了丰富的数据资源。现将一些常见的数据库简介如下：

（1）中国会计经济金融研究数据库

中国会计经济金融研究数据库（China Stock Market & Accounting Research Database，CSMAR）是深圳希施玛数据科技有限公司从学术研究的需求出发，在香港大学中国金融研究中心、香港理工大学中国会计与金融研究中心、上海证券交易所、深圳证券交易所等专业研究机构和投资业界的鼎力支持下，借鉴国际知名数据库——如芝加哥大学CRSP、标准普尔Compustat、纽约证券交易所TAQ（交易和报价）、ISDA（国际掉期与衍生工具协会）数据库、Thomson Pharma、GSI Online等——的专业标准，并结合中国实际国情开发出的国内首个经济金融型数据库。该数据库涵盖经济研究、行业研究、公司研究、银行研究、货币市场、股票市场、基金市场、债券市场、衍生市场、海外研究、人物特征、专题研究等十九大系列，包含200多个数据库、4 000多张表、6万多个字段，不断丰富的数据库内容只为满足学者的研究需求。

（2）中国流动人口动态监测调查数据

中国流动人口动态监测调查（China Migrants Dynamic Survey，

CMDS）数据是国家卫生健康委自2009年起一年一度大规模全国性流动人口抽样调查数据，覆盖我国31个省（自治区、直辖市）和新疆生产建设兵团中流动人口较为集中的流入地，每年样本量近20万户，内容涉及流动人口及家庭成员人口基本信息、流动范围和趋向、就业和社会保障、收支和居住、基本公共卫生服务、婚育和计划生育服务管理、子女流动和教育、心理文化等。此外，还包括流动人口社会融合与心理健康专题调查、流出地卫生计生服务专题调查、流动老人医疗卫生服务专题调查等。

（3）中国综合社会调查

中国综合社会调查（Chinese General Social Survey，CGSS）始于2003年，由中国人民大学中国调查与数据中心负责执行，每年对中国大陆各省、自治区、直辖市10 000多户家庭进行连续性横截面调查，是我国最早的全国性、综合性、连续性学术调查项目。CGSS系统、全面地搜集社会、社区、家庭、个人多个层次的数据，总结社会变迁的趋势，探讨具有重大科学和现实意义的议题，推动国内科学研究的开放与共享，为国际比较研究提供数据资料，充当多学科的经济与社会数据采集平台。目前，CGSS数据库已成为研究中国社会最主要的数据来源，广泛地应用于科研、教学、政府决策之中。

（4）中国家庭追踪调查

中国家庭追踪调查（China Family Panel Studies，CFPS）由北京大学中国社会科学调查中心（ISSS）实施，旨在通过跟踪搜集个体、家庭、社区三个层次的数据，反映中国社会、经济、人口、教育和健康的变迁，为学术研究和公共政策分析提供数据基础。CFPS重点关注中国居民的经济与非经济福利，包括经济活动、教育获得、家庭关系与家庭动态、人口迁移、身心健康等多种研究主题。2010年，CFPS在我国25个省（自治区、直辖市）正式实施基线调查，最终完成14 960户家庭、42 590位个人的访问。基线调查界定出的所有家庭成员及其今后新生的血缘/领养子女被定义为CFPS基因成员，是CFPS调查的永久追踪对象，每两年访问一次。

（5）中国健康与养老追踪调查

中国健康与养老追踪调查（China Health and Retirement Longitudinal Study，CHARLS）由北京大学中国社会科学调查中心实施，旨在搜集一套代表中国 45 岁及以上中老年人家庭和个人的高质量微观数据，用以分析我国人口老龄化问题，推动老龄化问题的跨学科研究。CHARLS 全国基线调查于 2011 年开展，覆盖 150 个县级单位，450 个村级单位，约 1 万户家庭中的 1.7 万人。这些样本以后每两年追踪一次，每次调查结束一年后，数据将对学术界公开。

（6）中国教育追踪调查

中国教育追踪调查（China Education Panel Survey，CEPS）由中国人民大学中国调查与数据中心设计与实施，旨在揭示家庭、学校、社区以及宏观社会结构对个人教育产出的影响，并进一步探究教育产出在个人生命历程中发生作用的过程。CEPS 以 2013—2014 学年为基线，以初中一年级（7 年级）和初中三年级（9 年级）两个同期群为调查起点，以人口平均受教育水平和流动人口比例为分层变量，从全国随机抽取了 28 个县级单位（县、区、市）作为调查点。调查的执行以学校为基础，在选中的县级单位随机抽取了 112 所学校、438 个班级进行调查，被抽中班级的学生全体入样，基线调查共调查了约 2 万名学生。CEPS 以问卷调查为主要手段，对全体被调查学生及其家长或监护人、班主任老师、主课任课老师以及学校负责人进行问卷调查。问卷的内容包括：学生的基本信息、户籍与流动、成长经历、身心健康、亲子互动、在校学习、课外活动、与老师/同学的关系、社会行为发展、教育期望，以及家庭成员基本信息，家长的基本信息、生活习惯、亲子互动、家庭教育环境、家庭教育投入、社区环境、对学校教育的看法、与老师的互动、对孩子的教育期望，班主任老师对学生行为的评价、与学生家长的互动、本地与外地户籍学生的比较，包括班主任在内的任课老师的个人基本信息、教育理念、日常教学工作、工作压力与满意度，学校负责人基本信息、教育理念，学校的基本信息、教学设施、招生入学、在校师生情况以及日常教学管理。

CEPS还对学生进行综合认知能力测试、基本人格测试，并搜集学生的重要考试（期中考试、中考、高考等）成绩，并计划组织对学生的健康与体格检查，采集生物医学指标，综合利用各种手段和技术全面采集高质量的数据。CEPS在初中阶段逐年进行追踪调查，计划在学生初中毕业后的第1年、第3年、第4年、第7年、第8年、第17年、第27年进行追踪调查，整个调查周期长达30年，并计划在第10年新建一个从7年级开始的同期群。CEPS所产出的内容广泛、多层次追踪数据将向学术界全面开放，为教育学、经济学、管理学、社会学等相关学科的研究者提供基础数据资源，同时也服务于教育政策的制定者和学校的管理者，为其决策提供可靠的实证数据依据。

（7）中国企业创新创业调查

中国企业创新创业调查（Enterprise Survey for Innovation and Entrepreneurship in China，ESIEC）是北京大学中国社会科学调查中心核心调查项目之一，由北京大学企业大数据研究中心组织实施。ESIEC旨在通过科学抽样和实地追踪调查，获得反映中国企业创新创业状况的微观数据，推动更高质量的学术和政策研究。调查内容主要包括企业家的创业史、企业创建过程、企业基本信息、企业创新、企业间关系以及营商环境等方面的内容。2016年，在广东江门与河南夏邑实施了预调查。2017年，完成了中国企业创新创业调查的河南省调查。2018年，ESIEC组织第一次基线调查，基于工商企业注册数据库，利用"与规模成比例"的概率抽样方法，在辽宁、上海、浙江、河南、广东和甘肃六省（直辖市）抽取117个县（市、区）共计58 500家样本企业，由900余名学生访员到实地开展调查。2020年2月，开展"新冠肺炎疫情下中小微企业生存状态专项调查"，共抽取样本2 701份（其中ESIEC代表性样本2 344份，主动受访普通样本357份）。2020年5月，ESIEC项目联盟针对2月疫情专题调查发起追访，通过电话访问辅以网络问卷形式开展，分发问卷共8 750份（包括2017年、2018年、2019年的全量ESIEC完访企业），访员共接触样本8 613份，完访2 519份样本，除去失联状态样本与无效样本，完访率为44.5%。

（8）中国小微经营者调查

中国小微经营者调查（Online Survey of Micro-and-small Enterprises，OSOME）始于 2020 年第三季度，由北京大学中国社会科学调查中心、北京大学企业大数据研究中心与蚂蚁集团研究院、网商银行联合实施，主要通过支付宝线上调研平台，对使用支付宝扫码收款服务的活跃小微经营者开展问卷调研，为市场主体、学术界、政策制定者及社会公众了解小微经营者生存状况提供数据支持，相关研究成果也发表于中英文学术期刊，并受到社会各界的广泛关注。OSOME 主要内容包括我国小微经营者在疫情时期复工复产情况、经营状态、融资需求以及对未来的预期等，为考察后疫情时代小微经营者的发展现状提供第一手资料。同时，OSOME 样本中未在市场监督管理部门注册的个体户占四成，填补了既往小微企业调查以注册企业或个体户为主，较少覆盖未注册个体经营户的研究空白。OSOME 首次针对小微经营者连续开展信心指数测算，是对我国大中小型企业信心指数的有益补充。

二手数据的优点在于它通常具备较高的客观性，适合纵向研究和比较研究，能够节省时间和资源，且研究成果具备可复制性。但二手数据也存在可能与研究目的不太吻合，质量参差不齐，难以核实数据准确性等缺点。

总体而言，二手数据法采用丰富的二手数据来进行科学研究，是目前学术界广泛采用的一种量化研究方法。为了更好地运用这种方法，研究者在使用二手数据时，需要仔细评估数据的来源和可靠性，并在可能的情况下，通过与其他数据源的比较和验证来提高研究的准确性。

（三）质化研究

质化研究是依赖定性数据（文字、图片等非数值型数据），深入研究对象的具体特征或行为，并进一步探讨其产生原因的一种研究方法。它主要遵循探究性科学方法（发现逻辑），强调直接从观察到数据，再到描述，进而到模式，最后（有时）到理论生成的逻辑过程。①当研究者对一个主题或细节知之甚少，且想要发现或了解更多的时候，常使用定性研究。常见的质化研究方法主要有以下几种：

1.访谈法

访谈法是指研究者通过与访谈对象进行面对面交谈来搜集所需资料的一种研究方法。这种方法能够深入挖掘访谈对象的内心世界，获取他们的真实想法和情感反应，从而为研究者提供丰富的素材和数据。

在实施访谈法时，研究者需要遵循一定的原则和步骤。

（1）明确访谈目的与主题

这有助于确定访谈对象以及访谈的焦点和范围，确保访谈内容能够围绕核心问题进行。

（2）设计访谈提纲

这份提纲应该基于研究目的、访谈对象等进行设计，围绕研究主题展开，从而保证访谈的有效性。

（3）进行访谈并记录

在访谈过程中，要保持耐心和礼貌，尊重访谈对象的观点和感受。同时，要注意倾听和记录访谈对象的回答，确保访谈内容的完整性和准确性。可以使用录音、笔记等方式进行记录，以便后续整理和分析。

（4）整理与分析访谈资料

访谈结束后，要对访谈资料进行整理和分析。这包括将访谈记录进行归类、总结，提取关键信息和观点，以及进行必要的统计和分析。通过整理和分析，可以深入了解访谈对象的观点、态度和经历，为后续的研究或决策提供有力支持。

访谈法的优点主要体现在4个方面：

---

① 约翰逊，克里斯滕森.教育研究：定量、定性和混合方法［M］.马健生，等译.重庆：重庆大学出版社，2015：19.

（1）调查较为深入

与问卷调查的格式化选项相比，访谈法是在交流互动中进行的，容易调动访谈对象的积极性。调查的内容和方向也容易把握，可以深入了解访谈对象的情况，获取全方位的信息。

（2）调查内容的时间跨度大

与观察法只能调查现状不同，通过对目击者、当事人的访谈，研究者可以从事件的历史、现状中获得更为丰富的信息，便于掌握事情的来龙去脉。

（3）研究对象的适用性强

访谈对象可以是所有类型的人，没有年龄限制、性别限制和文化程度的限制。只要能够进行口语的沟通，访谈就可以进行。

（4）调查较为灵活

与问卷调查题目预先确定不同，访谈的内容可以根据采访现场情况，以及访谈的深入随时进行调整。访谈法不仅可以获取关于事实的材料，而且可以深入获取事件之间的因果关系、主观态度等信息。

此外，通过察言观色，调查者在访谈中能够把握访谈资料的真实性。

访谈法也有一定的局限性。

首先，访谈需要研究者身体力行，因此访谈对象相对较少，成本较高，耗费时间长，资料的后期整理也需要投入较大的精力。

其次，访谈信息确实具有明显的主观性，甚至很片面、偏激，信息获取的结果结构化程度低，不利于汇总。

再次，访谈过程中，访谈对象和研究者面对面，可能会给访谈对象带来一定的压力和影响，从而使得访谈信息的真实性打了折扣。

最后，访谈对调查者的语言表达能力、人际沟通技巧的要求较高，需要具备一定的经验。

总之，访谈法是一种有效的研究方法，它通过与访谈对象的对话，揭示出人们的想法和情感，为研究者提供宝贵的资料。它的应用范围广泛，并且需要研究者具备良好的沟通和倾听技巧，以获得准确和有意义的结果。

2.观察法

观察法是指研究者根据一定的研究目的、研究提纲或观察表，用自己的感官和辅助工具去直接观察被研究对象，从而获得资料的一种方法。科学的观察具有目的性、计划性、系统性和可重复性。在观察过程中，研究者一般利用眼睛、耳朵等感觉器官去感知观察对象。然而，由于人的感觉器官具有一定的局限性，研究者有时也需要借助各种现代化的仪器和手段，如放大镜、显微镜、照相机、录音机等来辅助观察。

观察法具有以下特点和优势：

首先，观察法是一种直接且实践性强的研究方法。通过亲身观察，研究者可以直接感知和记录所研究对象的真实行为和情况，避免了可能存在的主观偏见和误解，从而保障研究结果的可靠性。

其次，观察法具有灵活性和适用性广泛的特点。它可以应用于各种不同的研究领域和对象，如社会行为、动物行为、自然环境等。同时，观察法还可以结合其他研究方法，如实验法、访谈法等，以丰富研究数据，提高研究的可靠性。

此外，观察法还可以提供详细的数据信息。通过观察和记录，研究者可以获得有关被观察对象的详细描述，包括言行举止、面部表情、肢体动作等，从而便于研究者后续进行数据分析和理论解释。

观察法也存在一些局限性：

首先，研究者的主观因素可能会对观察结果产生影响。因此，研究者需要保持客观和中立的态度，尽量排除自身的主观因素。

其次，观察法所获得的数据有时可能并不完全准确，因此需要通过在不同时间的多次观察来提高观察结果的可靠性。

再次，观察法几乎是所有方法中耗时最长、人力物力成本最高的。

最后，由于它搜集的样本有限，研究结果往往不具有普遍代表意义。

总之，观察法是一种非常重要和有效的研究方法，它通过直接观察来获取信息，从而为我们深入认识事物提供基础。在科研实践中，观察法常用于启发研究者的思维，作为其他研究方法的重要补充。

3.案例研究法

案例研究法是对现实中某一复杂的和具体的现象进行深入和全面的实地考察，以获取更深入的理解和洞察力的经验性研究方法。它通过所选择的一个或几个案例来说明问题，用搜集到的资料分析事件间的逻辑关系，适合回答"怎么回事""为什么"的问题。

根据研究的目的可以将案例研究分为描述性、解释性、评价性和探索性的案例研究。描述性案例研究主要是对人、事件或情景的概况作出准确的描述。解释性案例研究提供因果关系的信息，解释事情是如何发生的。评价性案例研究要求研究者对研究的案例提出自己的意见和看法。探索性案例研究尝试寻找对事物的新洞察，或尝试用新的观点去评价现象。

根据案例的数量可以将案例研究分为单案例研究和多案例研究。单案例研究可以用作确认或挑战一个理论，也可以用作提出一个独特的或极端的案例。多案例研究的特点在于它包括了两个分析阶段——案例内分析和跨案例分析。前者是把每一个案例看成独立的整体进行全面的分析，后者是在前者的基础上对所有的案例进行统一的抽象和归纳，进而得出更精辟的描述和更有力的解释。单个案例通常能说明某方面的问题，但用来搭建知识结构的框架是远远不够的。多案例研究法能使案例研究更全面、更有说服力，能提高案例研究的有效性，比如多个案例可以同时指向一个证据，或为相互的结论提供支持。在一个5~7个案例的多案例研究中，先要选取情况相似的2~3个案例来验证一个理论，还要选择另外一些个案验证其他待验理论。如果这些个案的结果互相矛盾，则需要增加案例辅助检验。

案例研究通常包括5个步骤：

①确定研究问题。研究者明确概述想要探索的内容，确定具体、可实现的目标。

②选择最适合研究问题的案例。研究者可以考虑使用典型案例来获得一般理解，或者使用非典型主题来获得独特见解。

③搜集数据。研究者使用各种数据来源，如访谈、观察、文件和档案记录，以提供有关问题的多个视角。

④进行数据分析。研究者从数据中找出模式和主题。

⑤报告研究结果。研究者以条理清晰的方式呈现调查结果。

艾森哈特（1989）将案例研究法与其他类型的研究方法相比较，提炼出案例研究法的三个优点[1]：

①案例研究法有助于研究者创造出新理论。在研究案例的过程中，研究者没有条条框框的束缚，可能对研究中实际获得的大量数据和资料保持一种更开放的心态，从而忽略案例中的数据和资料与现有文献出现的矛盾，创造出新的理论。

②使用案例研究法，研究者可以通过容易证伪的假说和方便、实用的测量工具来检验理论假设。原因是在研究案例的过程中，研究者已经在测量有关工具，并在理论创建的过程中反复检验有关假说。

③使用案例研究法得出的结论更具有实效性，因为得到的结论直接来源于实际的经验证据，更能客观地反映现实。

案例研究法也有3个局限性：

①案例研究的结果难以推广，因为每个案例都是独特的。

②由于案例研究法注重深入分析，研究过程可能相对耗时和费力。

③研究者的主观态度和偏见也可能影响对案例的选择和解读。

总体而言，案例研究法是一种重要而有价值的研究方法。它不仅可以提供丰富的信息和洞见，还可以帮助研究者深入理解和解释复杂的现象或问题。然而，我们在使用案例研究法时需要谨慎权衡其优势和局限性，以确保研究结果的可靠性和有效性。

---

① EISENHARDT K M. Building theories from case study research [J]. Academy of Management Review，1989，14（4）：532-550.

4.文本分析法

文本分析法是指对特定文本资料中的词汇、语法和语义进行系统的诠释、挖掘、归纳、分类、量化和特征提取，以揭示其中的观点和情感的一种研究方法。文本分析主要用于对文本内容的深入分析和理解，可以应用在社会科学、市场营销以及舆情监测等不同领域。

研究者选用文本分析法进行研究时，通常需要遵循以下步骤：

①搜集文本资料。研究者需要搜集与研究主题相关的文本资料，这些资料可以是书籍、文章、社交媒体上的评论，甚至是口头交流的记录。

②对文本进行预处理。常用的文本预处理方式包括修正错别字、去除标点符号、停用词（如"的""是""和"等）、数字等，对文本进行分词，并对词语进行词性标注，使得文本能够更好地被计算机处理和分析。

③特征提取。研究者从文本中提取有意义的信息特征，以便进行后续的分析和建模。

④主题建模及其他分析。

主题建模就是在文本资料中发现潜在的主题类别，以便更好地理解文本内容。主题是指在文本中共同出现的词汇和短语的集合，可以被视为文本数据的概括性描述，它们涵盖了文本中的关键概念。

除了主题建模，研究者还可以对文本进行情感分析，以判断文本中的情绪态度是正面的、负面的还是中性的。此外，研究者还可以通过共现分析和语义网络分析，揭示文本中词语之间的关联性和网络结构。这可以帮助我们发现隐藏在文本背后的潜在模式和关系。

总之，文本分析是一种强大的研究方法，通过对文本内容的深入分析和理解，研究者可以获取有价值的信息和见解。随着网络知识组织、人工智能等学科的发展，文本分析将向着数字化、智能化、语义化的方向深入发展，在社会知识管理方面发挥更大的作用。

5.田野研究法

田野研究法是一种深入到研究者对象的真实情境中，以参与观察和无结构访谈等方式获取第一手资料，并通过对这些资料的定性分析来理解和解释研究对象的研究方法。其内涵要旨是注重"现在时""在场感"。在田野研究中，研究者要深入到所研究对象的社会生活环境中，且要在其中生活很长一段时间，靠观察、询问、感受和领悟去理解所研究的对象。田野研究应用的范围相当广泛，包括民俗学、考古学、生物学、生态学、环境科学、地质学、地形学、地球物理学、古生物学、人类学、语言学、哲学、建筑学及社会学等自然或社会科学领域。根据研究对象的生存或死亡状况，以及存在地点位于居住栖息地或埋于土下，田野研究工作的实质内容也会有所差别。化石与考古遗址的挖掘均包含田野研究工作，其他如访问或观察人们以学习他们的语言、民俗和他们的社会结构等过程也都包含在内。

同其他研究方法相比较，田野研究的特点有：

①它能得到丰富、细致的第一手资料，研究正在发生的现象或行为，以及这些现象或行为发生时的特殊环境和气氛。

②它是在一个自然环境里研究人们的行为，较少受到人为因素的影响。

③采用参与观察的方法，研究者更能理解研究对象的真实情感、价值观念和思维方式，比较准确地分析和解释他们的行为。

④田野研究对非语言行为的研究有着特殊的作用。

⑤它有利于对研究对象进行全面、细致、纵深的考察，从而发现隐藏在现象背后的事物本质和规律。

田野研究也存在一定的局限性，主要包括：

①因参与程度较高，研究者易受同化，所获资料可能会带有主观成分。

②它对可能影响资料的外部因素难以控制。

③它难以进行定量研究。田野研究所获得的资料多且杂，很难系统地进行编码和分类，无法有效地综合资料，以验证同假设有关的结论。

总体而言，田野研究法是一种深入实地的研究方法，通过深入接触和观察研究对象来获取真实的数据以了解特定现象或社会群体。这种研究方法具有独特的优势，可以提供丰富、具体的信息，使研究者更全面地理解研究对象。但它也面临一些挑战和限制。例如，研究过程可能耗时较久，需要在田野中长期生活和工作。同时，研究者还需具备较强的沟通能力和人际交往能力，以建立信任关系并获取准确的数据。

（四）混合研究

混合研究是指将量化研究和质化研究相结合的一种研究范式。它旨在整合两种不同类型的研究方法，以充分适应研究领域的复杂性和多样性。在混合研究方法中，研究者可以采用多种策略，如先进行定性研究，再进行定量研究，或者同时进行定性和定量研究。这种组合能够通过量化数据和质性数据的交互验证，从而提供更加全面和深入的分析。

混合研究的特征包括：

①同时搜集量化数据和质性数据。混合研究认为，量化数据和质性数据是两种不同的数据类型，但是拥有同等重要的地位，所以在研究中不应该抹杀任一类型数据的重要性，而是充分发挥各自的优势。

②有效整合量化数据和质性数据。有效调和数字数据和文本数据是混合研究方法的一个难题。为此，混合研究方法设计出了多种数据整合方案，常用的方案有聚敛式设计、解释性序列设计、探索性序列设计以及干预设计、转型设计、多阶段评估设计等。

③以理论框架为基础。混合研究设计一定是基于某种研究视角提出来的，而最为常见的视角就是社会科学研究中已经得到广泛认同的理论框架或者是基于研究者价值观和信念的哲学视角。

混合研究的优势在于它能够克服单一研究方法的局限性，使研究者能够获得更加全面的研究结果。通过综合量化数据和质性数据，混合研究能够将数量性和质性的优势相结合，从而得出更加准确和细致的研究结论。

总之，混合研究是一种强大的研究工具，能够在研究过程中提供丰富的数据和信息。它的灵活性和多样性使得研究者能够更好地适应不同的研究领域和问题，从而为学术研究和实践提供更加全面和深入的洞见和了解。

二、研究方法的选择

选择适当的研究方法是研究工作中非常重要的一环。在具体的研究实践中，通常需要考虑以下因素：

(一) 研究问题的性质

不同的研究问题可能需要采用不同的研究方法。例如，要进行"青少年违法犯罪"的研究，最合适的方法应选择案例研究法或问卷调查法；要进行"机动车尾气污染植物的影响"的研究，实验研究法才是最合适的研究方法。可见，方法服务于研究问题，必须根据研究问题的性质来选择最合适的研究方法。

(二) 研究对象的特点

研究者需要考虑研究对象的性质和特征，以便选择最适合其研究对象的研究方法。例如，对于人类行为的研究，实验研究或问卷调查可能是最适合的方法。再比如，在对学生进行研究时，要考虑到学生的权益。一些研究会将学生分为实验组（班）和对照组（班），对实验组（班）进行某种新的教学方式，以研究该教学方式在某一领域是否更有效果，这种研究不仅要得到实验组（班）的同意，也要得到对照组（班）的同意。

(三) 研究者的具体情况

在选择研究方法时，研究者要注意该方法是否契合自己的科研能力与个人资源等。因为研究真正展开最终要落到研究者身上，研究者自身的研究能力及资源会影响研究方法的使用。例如，实验研究需要实验室设备和技术支持，而调查研究需要问卷设计和数据分析能力。再比如，如果要运用访谈法对知名企业家进行研究，研究者的个人资源就可能使其无法接触到需要研究的知名企业家。

（四）理论框架

理论框架提供了研究的理论基础和指导。不同的理论框架可能对研究方法的选择有不同的要求。例如，如果研究问题涉及建立模型或量化分析，那么我们可能需要选择使用问卷调查法或二手数据法等。

（五）数据可用性

数据可用性决定了研究者可以使用哪些方法来搜集和分析数据。如果研究者能够访问已有的数据库，那么可以选择使用二手数据法；而如果需要研究者自行搜集数据，那么可能需要选择使用问卷调查法。

素养园地

做精做深 攻克科研难关

位于杭州市滨江区的贝丰科技生产厂区，生产线满负荷运转，一个月的产能可达5万台，一批最新生产的涡轮风机正在等待最后的测试。

"两个月内我们招了50多名员工，把产能提升上去。"杭州贝丰科技股份有限公司董事长宋昕说，自2024年以来，企业接到的涡轮风机订单量上涨了30%。"别看它的直径只有6.5厘米，却是我们历时两年半研发的成果，其装机噪声相比同类产品降低了30%，刷新了行业的静音标准。"在生产车间，董事长介绍起公司的新产品——一款微型高性能涡轮风机。涡轮风机是呼吸机的"心脏"，它可以将高压力大流量的气体推送进呼吸机，帮助患者呼吸。

由于加工精度高、工艺流程复杂等技术门槛，长期以来，全世界的微型高性能涡轮风机几乎都依赖国外一家企业。研制门槛有多高？举个例子来说，为了匹配患者吸气和呼气的节奏，呼吸机中的微型涡轮风机必须做到压强足够和瞬间启停。这就相当于汽车加速到100千米/

小时后在两秒内急刹车到 10 千米/小时，低速运行 1 秒之后又要瞬间加速。在这样严苛的条件下，风机要保持正常运转 2 万~3 万小时，这对性能、寿命、可靠性等方面都是很大考验。

成立于 2018 年 4 月的贝丰科技，一直专注于微型高性能电机风机的研发和生产。"高门槛意味着高风险，很多同行企业知难而退，但我们没放弃。"宋昕说。2010 年，宋昕与其他创始人组成团队攻关。创始人中，既有流体力学领域的国际顶级专家，也有电机、机械、电子和工业自动化领域的资深专家。然而，从"0 到 1"的过程并不顺利，创业初期，宋昕团队在技术突破方面进展缓慢。最初 3 年，他带领团队成员逐步攻克了材料关、注塑关和熔接关。为突破平衡机难关，团队又花了两年多时间，最终把涡轮风机的寿命提高到了 3 万小时。贝丰科技发展迅速，成长为行业的隐形冠军。目前，国产品牌的院用呼吸机，采用的几乎都是贝丰科技的产品。

近来，一度成为公司业务主力的呼吸机市场逐渐趋于饱和。是探索其他领域，还是继续做精做深？贝丰科技选择了后者。

"目前，公司正在跟国外一家呼吸机公司合作，开发治疗性质的呼吸机，用于提升睡眠质量、缓解呼吸不畅等。我们正在与一些客户沟通，一起推动家用呼吸机朝舒适化、智能化、定制化等方向发展。"在贝丰科技展厅中，轴流风扇、涵道风扇、耐腐蚀风机等各类产品映入眼帘。公司正不断完善和丰富产品线，与国内多家半导体企业建立了战略合作关系。截至目前，贝丰科技共拥有 60 多项发明专利和实用新型专利，被认定为国家级专精特新重点"小巨人"企业、国家高新技术企业。

"一辈子只做一件事""做匠人、修匠心、养匠气"……在公司厂区采访，记者不时看到类似标语。"涡轮风机工作的环境，就像我们所从事的行业，需要经历长时间的锤炼和沉淀，这些标语不是口号，而是公司的价值观所在。"

资料来源：窦皓. 做精做深 攻克科研难关 [N]. 人民日报，2024-07-08 (19).

【价值塑造】

使学生明白高水平科研成果的取得需要长时间的锤炼和沉淀，引导学生专注于一个小的选题，做精做深，进而产出高水平成果。

阅读与思考

在国际顶刊发封面文章　一名本科生是如何做到的？

2022年3月，柳皓宇像平常一样，往返于耶鲁大学的实验室、教室和宿舍之间，尽管他已在美国攻读博士有大半年时间，但这对于他的学术生涯而言，仅仅是一个开始。

柳皓宇是大家眼中的"别人家的孩子"，他的学术成绩在其本科期间就有所体现。2021年10月的某一天，柳皓宇突然收到了南方科技大学（以下简称"南科大"）邓巍巍教授的信息，信息很简单，"论文被选用了"。

邓巍巍所指的论文，是柳皓宇为第一作者、南科大博士生王志备、南科大-香港理工联培博士生高立豪、华中科技大学教授黄永安以及香港理工大学教授唐辉为共同作者的研究成果——"*Optofluidic Resonance of a Transparent Liquid Jet Excited by a Continuous Wave Laser*"。这篇论文以封面文章的形式发表在《物理评论快报》上，并被选为"编辑推荐"文章。

发现全新流体力学现象，并以第一作者的身份向物理学顶刊投稿，发生在柳皓宇就读南科大本科的时候。他凭借本科阶段优秀的表现，拿到了耶鲁大学、密歇根大学等六所学校的直博录取通知书，且获得了全额奖学金。在导师邓巍巍眼中，柳皓宇是"可以成就导师的学生"。

一、本科生"几乎不可能"的任务：在国际顶刊发封面文章

对于自己的研究成果在顶级期刊发表，柳皓宇称，只是起源于小小的好奇心。"那是一次意外。"他告诉《羊城晚报》全媒体记者，当时他正在邓巍巍教授的指导下，用脉冲激光去打一个射流出口的位置，"但激光没有调好，也没有打在原本指定的地方，而是打到了射

流分裂点上面一点点的位置，发现它突然就达到了自己更正的状态。"

"这一结果推翻了我们之前的认知。"邓巍巍介绍称。柳皓宇没有放过这一次"意外"，他敏锐地意识到这种现象的奇特之处，并开始着手研究。2020年4月，只是本科三年级的柳皓宇，将自己和其他人共同完成的这一成果形成研究论文，向《物理评论快报》投出了初稿。

在一本世界著名的物理学顶级学术周刊上发表文章有多难？柳皓宇的师兄，论文的第二作者南科大博士生王志备向记者介绍，发表在《物理评论快报》上的文章需要经过三轮审核，负责审稿的都是物理学界的权威，而且每一轮都是不同的审稿人，只要当中有一个审稿人提出反对意见，文章就会被拒之门外，"这对于本科生来说是几乎不可能的事，但柳皓宇做到了"。

对于论文被顶级期刊选用，柳皓宇表示，这是一个"努力和运气相互作用"的结果。从发现现象到最终论文发表，周期长达近两年，他告诉记者，这中间很大一部分时间就是在回应审稿意见，反复修改论文，"在本科阶段能经历一次完整的同行评议，确实很锻炼人"。

二、导师独特的理念：让本科生尽早进入实验室

柳皓宇发自内心地感谢南科大独特的本科生培养模式。"南科大采取'通识＋专业教育'的培养模式，新生入学时不分专业，直到大一下学期，在充分了解各专业概况后，再结合自身兴趣选择专业方向。"他告诉记者，他充分利用了大一的"缓冲期"，找到自己热爱的专业领域，省去了"走弯路"的风险。

正是大一下学期，一场专业宣讲会坚定了他此后的专业选择。"在这场宣讲会上，结识了对我影响深远的导师邓巍巍。"柳皓宇回忆道，当时他与邓巍巍坐在同一张桌子前，几乎是立刻认出了这位"海归网红教授"。在与邓巍巍深入交流后，柳皓宇对他在微纳流体方面的研究很感兴趣，最终决定选择力学专业。

确定了力学作为专业方向后，柳皓宇在大一的暑假前，加入了邓巍巍的课题组，开始接触科研工作。这也是邓巍巍一贯的理念：让本科生尽早进入实验室。他告诉记者，进入实验室后，本科阶段的学生能接触到硕士、博士阶段的师兄师姐，了解所学领域的前沿内容，是他们熟悉专业的最好方式。

在实验室工作，课题组对本科生与研究生标准一样：每周要交一份正式的研究进展报告，每个月全组开一个小型学术会议，大家需要在规定时间内汇报自己一个月内的工作，随时接受来自同伴的"吊打"或喝彩。

进入实验室后的柳皓宇如鱼得水，他对一切都感到新奇，这种探索未知的"惊奇感"给了他科研的原动力，也在实验室中获得了最大的支持：丰富的实验室资源和较高的研究自由度，"需要什么仪器，老师都会尽量支持"。

邓巍巍期望学生每周花100个小时在学业上，包括课业、英语和科研——这相当于一周7天无休并且每天需要投入14个小时以上。柳皓宇是为数不多的达到这个标准的学生。

"我理解这100小时的努力不是一个目的，而是一种学习和科研的状态。"柳皓宇称，在早期，这种状态的表现是"给自己设定目标，努力学习专业知识"；而在掌握了基础知识后，这种状态便表现为"对未知乐此不疲地探索"。

邓巍巍欣喜地看到，柳皓宇的那100小时，是一个满足好奇心、发现乐趣的过程。在给柳皓宇写的推荐信中，他这样写道："优秀的学生只需要一个就可以成就一个助理教授的终身教职（tenure），柳皓宇就是那种可以成就tenure的学生。"

三、本科生直博耶鲁大学："故乡有好梦，好诗在远方"

本科毕业前，柳皓宇向耶鲁大学、密歇根大学、加州大学洛杉矶分校、加州大学圣巴巴拉分校、伊利诺伊大学香槟分校、明尼苏达大学六所大学申请进一步深造，"那段时间边上课边做申请，非常忙"。最终，六所美国高校都给他发来了直博录取通知书，并许以全额奖学金。

在与导师邓巍巍商量后，柳皓宇最终选择了耶鲁大学继续深造。他告诉记者，其中一个重要的原因是"耶鲁的导师刚博士后出站，也是一个新人，跟导师一起从零开始建设实验室，发展课题组，这个过程很刺激"，另一个原因则是耶鲁也是"邓老师拿到博士学位的地方"，柳皓宇想到自己老师学习过的地方看看。

现今，柳皓宇已经是耶鲁大学一年级的博士生。他延续了本科时期"每周100小时"的学习状态，每天七点多起床，列好一天待办事项的清单，或者是直接看一篇论文，随后出门上课，去办公室做科研。

从南科大到耶鲁，柳皓宇没有感到太大的不适应，"南科大的本科就是英文授课，再加上本科期间受到的科研训练，到这里后上手很快"。不过他也明显感觉时间不太够用，"博士一二年级的课变多了，科研上会有一些压力"。

"一个标准的理工男"，是柳皓宇留给邓巍巍的第一印象，不过生活中的柳皓宇同样有浓厚的人文情怀。他爱好绘画、书法，看完了全套的金庸武侠书，最近又对《红楼梦》产生了兴趣。给他留下最深印象的书是《南渡北归》，"我看到了当时知识分子的群像，看到了他们的风骨是什么样的"。

"故乡有好梦，好诗在远方"，这句话是柳皓宇微信朋友圈的签名。求学于异国他乡，柳皓宇仍在追逐梦想的路上，对于未来的发展方向，他还在考虑之中，不过"回国是一定要回的"。

资料来源：王隽杰，李妹妍. 本科生柳皓宇在国际顶刊发封面文章 导师：他是"可以成就导师的学生"［EB/OL］.（2022-03-14）［2024-03-17］. https://news.ycwb.com/2022-03/14/content_40631919.htm.

思考题：柳皓宇的经历对于你的学术论文选题有何启发？

复习与思考

1.学术论文选题的原则有哪些？

2.题目拟定的基本要求有哪些？

3.常见的研究范式有哪几种？每种范式分别包含哪些常见的研究方法？

4.请运用一种学术论文选题方法确定一个学术论文选题。

第三章　学术道德与学术规范

学习目标

通过本章学习，了解学术道德的重要性以及学术不端行为的界定，熟悉学术道德的基本准则，以及学术研究的规范要求。

第一节　学术研究的道德准则

一、学术道德的重要性

学术道德是指从事学术活动的主体在进行学术研究、学术评价（审）、学术奖励等活动的整个过程及结果中处理个人与他人、个人与社会等关系时所应遵循的行为准则和规范的总和。[①]它是研究者必须遵循的基本准则，体现了研究者的责任和担当。一方面，学术道德是研究者从事学术研究工作的基石。在学术研究中，追求真理和客观性

[①]　江新华. 学术何以失范：大学学术道德失范的制度分析 [M]. 北京：社会科学文献出版社，2005：30.

是最核心的价值观。研究者们应该秉持诚实、正直的态度，不偏不倚地进行研究。这意味着不得篡改数据、隐瞒实验结果或剽窃他人成果。只有遵守学术道德的准则，才能保证研究的真实性和可信度，从而促进学术进步和学科发展。另一方面，学术道德体现了研究者对学术工作的责任和担当。学术界应该是一个互相尊重、公正平等的环境。研究者们应该互相支持和鼓励，共同创造良好的学术氛围；应该正视自己的职责和义务，不得利用学术资源牟取私利，不得架空他人成果，更不能滥用学术权力。研究者只有守住学术道德的底线，才能推动学术界的蓬勃发展和长久繁荣。

　　在我国，教育界和科学界一直高度重视学术道德建设工作。2002年2月，教育部发布《关于加强学术道德建设的若干意见》（教人〔2002〕4号），强调"要通过扎实有效的工作，加强对广大教师、教育工作者和学生的学术道德教育"。2006年5月，教育部又印发《关于树立社会主义荣辱观 进一步加强学术道德建设的意见》（教社科〔2006〕1号），进一步指出了学术道德建设的重要性，强调"学术道德是科学研究的基本伦理规范，是提高学术水平和研究能力的重要保证，对增强自主创新能力、促进学术繁荣发展具有不可忽视的重要作用；学术道德是人才培养的重要内容，与学风、教风、校风建设相互促进、相辅相成；学术道德是社会道德的重要方面，对良好社会风气的形成具有示范和引导作用"。此后，中国科协七届三次常委会会议于2007年1月审议通过了《科技工作者科学道德规范（试行）》，国务院学位委员会于2010年2月出台了《国务院学位委员会关于在学位授予工作中加强学术道德和学术规范建设的意见》（学位〔2010〕9号）等。

二、学术道德的基本准则

　　学术研究是现代社会中不可或缺的重要组成部分，对推动知识进步和社会发展起着不可忽视的作用。因此，学术工作者们承担着重大的道德责任。在进行学术研究时，应该遵循一定的道德要求，以确保研究的真实性、可信性和公正性。

（一）诚信

诚信是指实事求是、诚实、守信，在学术研究中不欺骗、不弄虚作假。在学术研究中，研究者应该始终如一地坚守诚信原则，不歪曲事实，不伪造、篡改研究数据和结果。只有通过诚实的研究，才能够为社会提供准确的知识和信息，帮助解决问题。为推动科研诚信建设，2009年8月，科学技术部等十部委出台了《关于加强我国科研诚信建设的意见》，强调"建立有关部门、科技机构和高等学校、科技社团各司其职、齐抓共管，社会参与，科技人员自觉行动的科研诚信建设体系；完善科研诚信相关的科研管理制度体系；有效遏制科研不端行为，显著提高科技人员的科学道德素质和科研诚信意识，形成有利于自主创新和科技事业健康发展的良好环境"。2018年5月，中共中央办公厅、国务院办公厅联合印发了《关于进一步加强科研诚信建设的若干意见》，就进一步加强科研诚信建设、营造诚实守信的良好科研环境提出具体意见，强调"坚持预防与惩治并举，坚持自律与监督并重，坚持无禁区、全覆盖、零容忍，严肃查处违背科研诚信要求的行为，着力打造共建共享共治的科研诚信建设新格局，营造诚实守信、追求真理、崇尚创新、鼓励探索、勇攀高峰的良好氛围"。

（二）严谨

严谨是指学术态度严肃谨慎，并在学术研究中做到细致、周全、准确，追求卓越、精益求精。在学术研究中，严谨是一项至关重要的品质。只有坚持严肃谨慎的态度，才能确保研究的可靠性和可信度，避免误导，并推动科学的可持续发展。学术研究的目标是揭示事物的本质和规律。然而，若研究过程中存在瑕疵，比如数据录入错误、实验设计不合理或推理过程不严密，那么研究结果将失去其可靠性。一项严谨的学术研究应确保数据的真实性、准确性和方法的可重复性，从而增强研究结果的说服力。国家出台的多项相关政策均强调学术研究中"严谨"的重要性。例如，2002年教育部发布的《关于加强学术道德建设的若干意见》指出，"在学术研究工作中要坚持严肃认真、严谨细致、一丝不苟的科学态度，不得虚报教育教学和科研成果，反对投机取巧、粗制滥造、盲目追求数量不顾质量的浮躁作风和行为"。2006年教育部印发的《关于树立社会主义荣辱观 进一步加强学术道德建设的意见》则强调"实事求是、严谨治学"。2007年中国科协审议通过的《科技工作者科学道德规范（试行）》第九条规定：公开研究成果、统计数据等，必须实事求是、完整准确。第十条规定：搜集、发表数据要确保有效性和准确性，保证实验记录和数据的完整、真实和安全，以备考查。2018年中共中央办公厅、国务院办公厅联合印发的《关于进一步加强科研诚信建设的若干意见》则"提倡严谨治学，反对急功近利"。

（三）尊重

在学术研究中，要尊重同行、合作者和研究对象，重视同行的研究成果与观点、合作者的贡献与价值以及研究对象的合法权益与个人隐私并保障其知情同意权，不盗用、抄袭同行的研究内容，且对同行的质疑采取开诚布公和不偏不倚的态度。在学术界，每个研究者都是独立思考和探索的个体，他们的观点和成果都值得尊重。不论我们是否同意或赞同他们的观点，都应该以开放的心态去倾听和理解，从中寻找共同点并受到启发。尊重他人观点的同时，也能够推动学术研究的进步和深化。同时，学术研究需要集思广益，合作才能够推动学科的发展。在合作中，每个人都有自己的专长和研究方法，这种多样性是学术繁荣的源泉。尊重合作者的专长和研究方法，才能作出更具创新性和更为卓越的研究成果，从而为社会进步作出更大的贡献。对于"尊重"这一学术道德要求，2002年教育部发布的《关于加强学术道德建设的若干意见》强调"保护知识产权、尊重他人劳动和权益"。2006年教育部印发的《关于树立社会主义荣辱观 进一步加强学术道德建设的意见》则强调"要正确对待学术荣誉，尊重他人劳动成果，反对抄袭剽窃、哗众取宠"。2015年国务院办公厅下发的《关于优化学术环境的指导意见》指出要"尊重同行发现的优先权，客观公正评价他人的学术成果，尊重他人理性怀疑的权利"。

（四）公开

在学术研究中，公开不仅是一种道德准则，更是推动知识交流和进步的关键。研究者应公开研究方法、数据和结果，使得其他学者和研究人员能够重复自己的研究，并对其进行评估和验证。这不仅有助于纠正可能存在的错误或发现新的研究方向，还有利于避免科学研究中的重复劳动。公开研究方法和数据还可以被其他同行评议学术期刊或会议接受，从而进一步提高研究的质量和可信度。同时，无论是学术界还是社会大众，公开的研究成果都能够使人们更加了解和认识最新的研究进展。这不仅可以为其他学者提供参考和借鉴的机会，促进学术共同体的发展，还有助于促进学术知识的普及，并为社会问题的解决提供新的思路和方案。2007年中国科协审议通过的《科技工作者科学道德规范（试行）》指出，"对已发表研究成果中出现的错误和失误，应以适当的方式予以公开和承认"，"公开研究成果、统计数据等，必须实事求是、完整准确"。

（五）公正

公正准则主要体现在学术评价中。2002年教育部发布的《关于加强学术道德建设的若干意见》指出，要"认真履行职责，维护学术评价的客观公正。认真负责地参与学术评价，正确运用学术权力，公正地发表评审意见是评审专家的职责。在参与各种推荐、评审、鉴定、答辩和评奖等活动中，要坚持客观公正的评价标准，坚持按章办事，不徇私情，自觉抵制不良社会风气的影响和干扰"。2006年教育部印发的《关于树立社会主义荣辱观 进一步加强学术道德建设的意见》则强调"正确行使学术权力。在各种学术评价活动中，要认真履行职责，发扬学术民主，客观公正、不徇私情，自觉抵制不良社会风气的影响，杜绝权学、钱学交易等腐败行为"。因此，研究者在学术评价活动中要力求公正，在评价别人的成果时应一视同仁。任何种族、民族、性别、年龄、社会地位等研究之外的因素均不能作为评价标准；对任何研究成果，都应该用客观、理性的评价标准持续地对其进行仔细的检查，看其是否有错误。同时，公正性还要求研究者具有合理的批判精神，不盲从他人的研究成果和权威学者的意见。只有通过公正的评估，才能识别那些真正具有学术价值的研究成果，推动学术界的进步。

（六）责任

责任准则首先体现在学术研究的价值取向方面。习近平总书记指出："广大科技工作者要肩负起历史赋予的科技创新重任"，"把自己的科学追求融入建设社会主义现代化国家的伟大事业中去"。[1]2004年8月，教育部出台的《高等学校哲学社会科学研究学术规范（试行）》（教社政函〔2004〕34号）指出，"高校哲学社会科学研究工作者应以推动社会主义物质文明、政治文明和精神文明建设为己任，具有强烈的历史使命感和社会责任感，勇于学术创新，努力创造先进文化，积极弘扬科学精神、人文精神与民族精神"。2016年，国务院印发的《"十三五"国家科技创新规划》也明确提出"倡导负责任的研究与创新"。其核心观点是，研究者的科研工作应与社会价值相一致，充分满足公众需求与意愿，让公众和利益相关者参与其中，以产生符合伦理道德的、可持续性的、满足社会需求的科研成果[2]。因此，研究者应增强历史使命感和社会责任感，将学术研究与满足国家、社会和人类的需求结合起来，积极投身到对全人类或者对自己的祖国更有益的研究中。同时，责任准则还体现在研究成果的真实可靠方面。对于署名的研究成果，研究者应确保其数据、资料和结果真实可靠。如果署名的成果有问题，则研究者要承担相应的责任。2004年教育部出台的《高等学校哲学社会科学研究学术规范（试行）》就明确指出，"署名者应对该项成果承担相应的学术责任、道义责任和法律责任"。此外，责任准则还体现在学术评价和学术批评方面。

①　习近平. 在科学家座谈会上的讲话［N］. 人民日报，2020-09-12（2）.

②　刘爱生. 从"负责任"的视角理解高质量科研成果［N］. 中国教育报，2023-04-10（7）.

2004 年教育部出台的《高等学校哲学社会科学研究学术规范（试行）》指出，"评价机构和评审专家应对其评价意见负责，并对评议过程保密，对不当评价、虚假评价、泄密、披露不实信息或恶意中伤等造成的后果承担相应责任"，"批评者应正当行使学术批评的权利，并承担相应的责任"。因此，研究者在进行学术评价和学术批评时，应严守学术标准，作出负责的评价和批评。

第二节　学术研究的规范要求

一、官方组织制定的学术规范

学术规范是根据学术发展规律制定的有关学术活动的基本准则，反映了学术活动长期积累的经验。[①]为了确保学术研究的正当性、合规性和公正性，教育部和科技部组织制定了一系列学术规范。2004年 8 月，教育部出台《高等学校哲学社会科学研究学术规范（试行）》，对高校师生及相关人员在学术活动中的学术引文规范、学术成果规范、学术评价规范和学术批评规范提出了具体要求。2009 年 6 月，教育部社会科学委员会学风建设委员会组织编写出版了《高校人文社会科学学术规范指南》，从学术伦理、选题与资料规范、引用与注释规范、成果呈现规范、学术批评规范、学术评价规范、学术资源获得与权益自我保护等方面对高校人文社会科学教学与研究人员应遵循的学术规范要求进行了详细介绍。2010 年 6 月，教育部科学技术委员会学风建设委员会又组织编写了《高等学校科学技术学术规范指南》，对科技工作者应遵守的学术规范进行了详细介绍。近年来，随

---

① 　教育部社会科学委员会学风建设委员会. 高校人文社会科学学术规范指南［M］. 北京：高等教育出版社，2009：3.

着"负责任研究与创新"（responsible research and innovation，RRI）理念的兴起，科技部监督司在广泛调研和征求意见的基础上，于2023年12月发布《负责任研究行为规范指引（2023）》，针对科研人员、科研单位、科研资助机构、科技类社团、学术期刊等不同主体，提出了开展负责任研究应普遍遵循的科学道德要求和学术研究规范。这些学术规范的出台为研究者的学术研究工作提供了基本遵循。在从事学术研究、撰写学术论文时，研究者要严格遵循这些规范要求。

二、学术伦理规范的基本要求

2009年6月，教育部社会科学委员会学风建设委员会组织编写出版的《高校人文社会科学学术规范指南》提出以下6项学术伦理规范要求。

（一）求真务实

求真务实是基本的科学精神。科学精神源于人类的求知、求真精神和理性、实证的传统。科学精神的本质是不懈地追求真理和捍卫真理。科学精神体现为严谨缜密的方法。每一个论断都必须经过严密的逻辑论证和客观验证才能被学术共同体最终承认。任何人的研究工作都应无一例外地接受检验。只有经过公开实践的证实，以及经过各种不同观点论证考验的成果，才能在学术上被承认和具有效力。

（二）诚实守信

诚实守信是保障学术成果可靠性的前提，从事学术研究的人不应有任何不诚实的行为。人文社会科学工作者必须在学术活动的各个环节中坚持实事求是，一旦发现研究成果中的错误和失误，应及时以适当的方式予以公开和承认；在自我评价和评议评价他人时，态度严谨、客观公正、真实准确，避免主观臆断，不可掺杂非学术因素。

（三）继承创新

人文社会科学是积累性极强的科学，认识人类自身和认识社会发展不是几个人和几代人所能完成的，只有汲取前人的智慧和经验、总结规律，才能在新的起点上提炼理论，使研究逐步接近真理。必须对前人所作的经过历史检验的研究成果给予信任、加以继承，在前人的终点上寻找自己的起点。继承和质疑并不矛盾。质疑原则要求研究者始终保持对科研中可能出现错误的警惕，并相信对人类世界与社会的认识是要与时俱进的。科学尊重首创和优先权，鼓励发现和创造新的知识，鼓励知识的创造性应用。研究需要创新，没有创新，就不能推进社会的进步。但是，创新不是凭一时的灵感就能够做到的。正如习近平总书记所言："科技创新特别是原始创新要有创造性思辨的能力、严格求证的方法，不迷信学术权威，不盲从既有学说，敢于大胆质疑，认真实证，不断试验。"[①]因此，研究者需要长期积累、深入思考、反复实验，然后厚积薄发，取得创新性成果。

（四）恪守职责

人文社会科学工作者必须具有强烈的历史使命感，要承担学术引领社会进步和发展的责任，决心为建设创新型国家、构建社会主义和谐社会作出无愧于历史的贡献，不能片面追求个人名利、违背学术责任。同时要珍惜自己的职业荣誉，正当行使学术权力，避免对科学知识的不恰当运用以及对学术资源的浪费和滥用。在学术活动中，研究者应当热爱学术，敬畏真理。不能把学术当成谋取不当利益的工具，而应当把研究作为探索真理、追求真理的志向和事业，正确对待研究成果的学术荣誉，勇于承担学术责任与学术义务，贡献出博大精深、嘉惠今人、传之久远的学术力作。创新需要学术自由，需要宽容失败，需要坚持在真理面前人人平等，需要有创新的勇气和自信心。

---

① 习近平. 在科学家座谈会上的讲话 [N]. 人民日报，2020-09-12（2）.

（五）以人为本

人文社会科学应将体现人性、尊重人格、保障人权作为基本的价值取向，将增进全社会和每个社会成员的幸福作为终极目标。人文社会科学研究既要考虑全社会的整体利益，又要尊重人的个性发展。

学术共同体成员要相互尊重。尊重他人的著作权，通过引证承认和尊重他人的研究成果和优先权；尊重他人对自己科研假说的证实和辩驳，对他人的质疑采取开诚布公和不偏不倚的态度；尊重合作者的能力、贡献和价值取向。

（六）自律与他律

人文社会科学工作者应该从维护学术声誉和自身尊严的高度，修身正己，自我约束，讲求诚信，把遵守学术规范贯穿在教学与科研工作的每一个环节中，以取信于民，使自己的研究成果在建设祖国、改造社会中发挥应有的作用。

人文社会科学工作者在自己从事教学与研究的学科领域里，既对本门学科的学术发展负有责任，也应爱护和促进新学科的丰富完善，顾全科学发展的全局，随时调整本门学科在学术整体中的地位，但不能为了个人名利随意跨越到自己不熟悉的领域里轻率表态，干扰其他专业学术的正常发展。

人文社会科学工作者要通过履行学术规范，逐步确立学术创新的高标准，养成主动遵守学术规范的习惯，把规范变成自觉的行为，达到自由的境地。

遵守学术规范、接受社会监督是学者的责任，他律是学者自律的保障，自律和他律是相互促进的，必须有机地结合在一起。他律的主要形式包括规约的制定、舆论的监督、学术批评、对学术不端行为的惩戒等。

三、学术研究中的其他重要规范要求

（一）学术引用规则

在正文中引用他人的观点、方案、资料、数据等，无论曾否发表，无论是纸质或电子版，均应加以标注。即使是对他人的观点进行言语表述方面的调整，也需要明确标注其来源。同时，引用应尊重原意，不可为了以逞己意而曲解引文，移的就矢，断章取义。引用应尽可能追溯到原始出处，尽量不要引用非原创的第二手材料，以避免在辗转引用中歪曲原意。

在论文中使用地图时，要使用中国官方的完整地图，完整表示中国领土，避免出现涉密问题、漏绘问题、错绘界线、随意压盖地图范围等。引用未成文的口语实录，包括口头演讲、课堂教学实录、采访记录等，应将整理稿交作者审核、修订。整理稿不能将不同时间多次的口语实录自行综合，避免因理解有误在综合时出错，同一作者不同时间、场合的口头发言应分别注明出处。

（二）合法获取数据

在数字化时代背景下，科学研究常常依赖于数据爬虫技术来搜集实验数据。为此，研究者必须确保数据的采集过程符合法律法规，同时要维护用户数据的安全，无论是身份信息还是行为数据。在整个数据搜集阶段，必须严格遵循大数据伦理原则，尤其要保护公民的隐私。公司数据的使用须得到明确同意和授权。此外，对于包含敏感信息的原始数据，必须进行适当的脱敏处理，以确保个人隐私不被泄露，同时保障数据的安全性。

（三）成果规范要求

学术成果要避免一稿多发。同意刊物转载已经发表的稿件，应明确要求刊物注明"转载"字样，并公开说明原刊载处。未经正式出版的学术会议论文集刊登的稿件，可以再次在其他正式刊物上发表。正式出版的学术会议论文集刊登的稿件再在其他刊物上发表，应征求主编与出版部门的意见。

学术成果的署名应实事求是。没有参与论著写作的人，不应署名。不应为了发表论文随意拉名人署名；主编、导师没有参与论文写作，又没有直接提供资料和观点，不应要求或同意署名。

凡接受合法资助的研究项目，其最终成果应与资助申请和立项通知相一致；若需修改，应事先与资助方协商，并征得其同意。研究成果发表时，应以适当方式向提供过指导、建议、帮助或资助的个人或机构致谢。

第三节　学术不端行为的界定

一、《科技工作者科学道德规范（试行）》的界定

根据2007年中国科协审议通过的《科技工作者科学道德规范（试行）》的界定，学术不端行为是指在科学研究和学术活动中的各种造假、抄袭、剽窃和其他违背科学共同体惯例的行为。其具体包括：

第一，故意作出错误的陈述，捏造数据或结果，破坏原始数据的完整性，篡改实验记录和图片，在项目申请、成果申报、求职和提职申请中做虚假的陈述，提供虚假获奖证书、论文发表证明、文献引用证明等。

第二，侵犯或损害他人著作权，故意省略参考他人出版物，抄袭他人作品，篡改他人作品的内容；未经授权，利用被自己审阅的手稿或资助申请中的信息，将他人未公开的作品或研究计划发表或透露给他人或为己所用；把成就归功于对研究没有贡献的人，将对研究工作作出实质性贡献的人排除在作者名单之外，僭越或无理要求著者或合

著者身份。

第三，成果发表时一稿多投。

第四，采用不正当手段干扰和妨碍他人研究活动，包括故意毁坏或扣押他人研究活动中必需的仪器设备、文献资料，以及其他与科研有关的财物；故意拖延对他人项目或成果的审查、评价时间，或提出无法证明的论断；对竞争项目或结果的审查设置障碍。

第五，参与或与他人合谋隐匿学术劣迹，包括参与他人的学术造假，与他人合谋隐藏其不端行为，监察失职，以及对投诉人打击报复。

第六，参加与自己专业无关的评审及审稿工作；在各类项目评审、机构评估、出版物或研究报告审阅、奖项评定时，出于直接、间接或潜在的利益冲突而作出违背客观、准确、公正的评价；绕过评审组织机构与评议对象直接接触，收取评审对象的馈赠。

第七，以学术团体、专家的名义参与商业广告宣传。

二、《高校人文社会科学学术规范指南》的界定

2009年，教育部社会科学委员会学风建设委员会编写的《高校人文社会科学学术规范指南》指出，学术不端行为是指学术共同体成员违反学术准则、损害学术公正的行为。例如：

①抄袭剽窃、侵吞他人学术成果；

②篡改他人学术成果；

③伪造或者篡改数据、文献，捏造事实；

④伪造注释；

⑤没有参加创作，在他人学术成果上署名；

⑥未经他人许可，不当使用他人署名；

⑦违反正当程序或者放弃学术标准，进行不当学术评价；

⑧对学术批评者进行压制、打击或者报复等。

三、《发表学术论文"五不准"》的界定

2015年11月，中国科协、教育部、科技部、卫生计生委、中科院、工程院、自然科学基金会联合印发《发表学术论文"五不准"》（科协发组字〔2015〕98号），要求广大科技工作者加强道德自律，共同遵守"五不准"，认真开展自查，对于存在违反"五不准"行为的学术论文主动申请撤稿，坚决抵制"第三方"学术不端行为。其中，"五不准"具体是指：

（一）不准由"第三方"代写论文

科技工作者应自己完成论文撰写，坚决抵制"第三方"提供论文代写服务。

（二）不准由"第三方"代投论文

科技工作者应学习、掌握学术期刊投稿程序，亲自完成提交论文、回应评审意见的全过程，坚决抵制"第三方"提供论文代投服务。

（三）不准由"第三方"对论文内容进行修改

论文作者委托"第三方"进行论文语言润色，应基于作者完成的论文原稿，且仅限于对语言表述方式的完善，坚决抵制以语言润色的名义修改论文的实质内容。

（四）不准提供虚假同行评审人信息

科技工作者在学术期刊发表论文如需推荐同行评审人，应确保所提供的评审人姓名、联系方式等信息真实可靠，坚决抵制同行评审环节的任何弄虚作假行为。

（五）不准违反论文署名规范

所有论文署名作者应事先审阅并同意署名发表论文，并对论文内

容负有知情同意的责任；论文起草人必须事先征求署名作者对论文全文的意见并征得其署名同意。论文署名的每一位作者都必须对论文有实质性学术贡献，坚决抵制无实质性学术贡献者在论文上署名。

上述"五不准"中所述"第三方"指除作者和期刊以外的任何机构和个人；"论文代写"指论文署名作者未亲自完成论文撰写而由他人代理的行为；"论文代投"指论文署名作者未亲自完成提交论文、回应评审意见等全过程而由他人代理的行为。

四、《高等学校预防与处理学术不端行为办法》的界定

2016 年 4 月，教育部 2016 年第 14 次部长办公会议审议通过的《高等学校预防与处理学术不端行为办法》指出，学术不端行为是指高等学校及其教学科研人员、管理人员和学生，在科学研究及相关活动中发生的违反公认的学术准则、违背学术诚信的行为。经调查，确认被举报人在科学研究及相关活动中有下列行为之一的，应当认定为构成学术不端行为：

①剽窃、抄袭、侵占他人学术成果；

②篡改他人研究成果；

③伪造科研数据、资料、文献、注释，或者捏造事实、编造虚假研究成果；

④未参加研究或创作而在研究成果、学术论文上署名，未经他人许可而不当使用他人署名，虚构合作者共同署名，或者多人共同完成研究而在成果中未注明他人工作、贡献；

⑤在申报课题、成果、奖励和职务评审评定、申请学位等过程中提供虚假学术信息；

⑥买卖论文、由他人代写或者为他人代写论文；

⑦其他根据高等学校或者有关学术组织、相关科研管理机构制定的规则，属于学术不端的行为。

五、《学术出版规范》的界定

2019 年 5 月，国家新闻出版署正式发布的《学术出版规范——期刊学术不端行为界定》（CY/T 174—2019）指出，论文作者的学术不端行为包含以下几个方面：

（一）剽窃

在撰写论文的过程中，不加引注或说明地使用别人的观点、数据或者他人已发表文献中的图片和音频，都被界定为剽窃行为。

（二）伪造和篡改

在进行论文撰写时，编造数据、图片、注释、参考文献，擅自修改、挑选、增减原始调查记录、实验数据，拼接不同图片等，都属于学术不端行为。

（三）不当署名

未参与论文写作，而在别人发表的作品中署名，未经被署名人同意而进行署名，甚至将有贡献的人排除在作者名单之外，都被界定为不当署名学术不端行为。

（四）一稿多投与重复发表

将同一篇论文同时投给多个期刊，将自己已发表文献中的部分内容，拼接成一篇新论文后再次发表，都属于学术不端行为。

（五）违背研究伦理

在进行研究时，必须获得伦理审批，不能超出伦理审批的许可范围，更不能违背研究伦理规范，否则很容易违背研究伦理，造成学术不端行为。

六、中国科学院的界定

2007年2月，中国科学院发布的《中国科学院关于加强科研行为规范建设的意见》将科研不端行为概括为六个方面：

①在研究和学术领域内有意作出虚假的陈述，包括编造数据，篡改数据，改动原始文字记录和图片，在项目申请、成果申报以及职位申请中做虚假的陈述。

②损害他人著作权，包括：侵犯他人的署名权，如将作出创造性贡献的人排除在作者名单之外，未经本人同意将其列入作者名单，将不应享有署名权的人列入作者名单，无理要求著者或合著者身份或排名，或未经原作者允许用其他手段取得他人作品的著者或合著者身份；剽窃他人的学术成果，如将他人材料上的文字或概念作为自己的发表，故意省略引用他人成果的事实，使人产生为其新发现、新发明的印象，或引用时故意篡改内容、断章取义。

③违反职业道德利用他人重要的学术认识、假设、学说或者研究计划，包括未经许可利用同行评议或其他方式获得的上述信息、未经授权就将上述信息发表或者透露给第三者、窃取他人的研究计划和学术思想据为己有。

④研究成果发表或出版中的科学不端行为，包括：将同一研究成果提交多个出版机构出版或提交多个期刊发表；将本质上相同的研究成果改头换面发表；将基于同样的数据集或数据子集的研究成果以多篇作品出版或发表，除非各作品间有密切的承继关系。

⑤故意干扰或妨碍他人的研究活动，包括故意损坏、强占或扣押他人研究活动中必需的仪器设备、文献资料、数据、软件或其他与科研有关的物品。

⑥在科研活动过程中违背社会道德，包括：骗取经费、装备和其他支持条件等科研资源；滥用科研资源，用科研资源谋取不当利益，严重浪费科研资源；在个人履历表、资助申请表、职位申请表，以及公开声明中故意包含不准确或会引起误解的信息，故意隐瞒重要

信息。

同时，该文件指出，对于在研究计划和实施过程中非有意引发的错误或不足，如对试验结果的解释、判断错误，因研究水平或仪器设备等原因造成的研究结果的错误，以及与科研活动无关的失误等，不能认定为学术不端行为。

七、杜祥琬院士的界定

中国工程院杜祥琬院士总结的13类学术不端行为[①]包括：

①论文著作造假、剽窃、搭车署名；

②靠拉关系、"忽悠""跑部钱进"争项目、经费；

③评审成果时搞"友情评审"，搞运作，甚至偷梁换柱、移花接木，炮制假成果；

④伪造学历、伪造SCI引用查询证明；

⑤报奖搞包装，对有关评委和工作人员拉关系、搞运作，甚至利诱；

⑥部分院士候选人的提名材料言过其实；

⑦有的院士名人多头兼职而不能尽责；

⑧个别专家学者对自己并不内行、并不了解的领域以权威姿态发表评论，误导公众；

⑨有的专家在项目评审、成果鉴定、奖励评审中不能超脱小单位或相关者的利益，不能坚守科学态度；

⑩为了应付评估检查，有的单位集体作假；

⑪有的科技管理部门把管理权力化、利益化，长官意志至上；

⑫个别领导干部违反程序，干预评审，甚至干预院士的评选；

⑬在不正之风的影响和利益的诱惑下，有的科技工作者以钻营代替钻研，以权术代替学术。

①　姜葳. 中国工程院副院长总结13种学术不端行为［EB/OL］. (2009-10-16)［2024-04-30］. https://news.ifeng.com/mainland/200910/1016_17_1389688.shtml.

可见，由于学术不端行为的表现形式多种多样，目前大多采用列举的形式来告知研究者哪些行为属于学术不端行为。然而，目前列举出的学术不端行为并未完全穷尽所有的学术不端行为。随着科技进步与社会发展，还会出现新的学术不端行为。比如，生成式人工智能（GAI）出现后，《中华人民共和国学位法（草案）》曾明确规定，已经获得学位者在获得学位过程中存在学位论文或者实践成果抄袭、剽窃、伪造、数据造假、人工智能代写等学术不端行为的，经学位评定委员会审议决定，由学位授予单位撤销学位证书。[①]虽然 2024 年 4 月 26 日颁布的《中华人民共和国学位法》删除了"代写"前面的限定词"人工智能"，使其适用面更广，但至少说明 AI 代写论文现象已进入立法者的视野。总之，学术不端行为的存在对于学术发展和社会进步都是有害的。为了维护学术界的良好秩序和尊严，需要大家共同努力，建立健全学术道德规范，严厉打击学术不端行为，并加强对研究者的引导和监督，以确保学术界的健康发展和正常运行。只有这样，我们才能迎来更加公正、可信的学术环境。

素养园地

资料一　　　　第三位小数引出的科学发现
——物理学家瑞利的故事

小数点后第三位数，这在一般人心目中或许是个微不足道的数字。然而，正是这不起眼的小小数字，却引出了化学史上的一项重大发现。

1882 年，英国物理学家瑞利正在进行有关空气成分测定的实验。在分析、比较实验数据时，一个小小的"差别"引起了他的注意。他

①　都芃. 利用人工智能代写学位论文或被撤销学位 [N]. 科技日报，2023-08-29（2）.

发现，从空气中分离而得到的氮气，每升重1.2572克；而从氮的化合物分解得来的氮气，每升重1.2506克。两者十分接近，仅仅是小数点后第三位、第四位有所不同。

对于粗枝大叶的人来说，既然差别如此之小，也许就以"实验允许误差"为由将其置诸脑后了，但治学严谨的瑞利却没有忽略此事。他将这一结果刊登在英国《自然》杂志上，并在杂志上刊发了一封公开信，向化学家求援。

化学家拉姆塞看到瑞利的文章后颇感兴趣，他也做起了同类实验。拉姆塞用各种方法反复实验，多次进行精确测量，发现从氮的化合物制得的氮气总是比从空气中除去氧、二氧化碳、水汽后所得的氮轻千分之五左右。于是，他推测空气中可能含有未知元素。

瑞利与拉姆塞合作，开始进行精心细致的分析研究，经过十几年的努力，终于在1894年在空气中发现了一种新的气体元素，命名为"氩"（拉丁文名的原意是"不活泼的"），从而圆满解答了为什么空气中得到的氮气较重的疑问。这一发现在科学界引起了极大的反响，被人们称为"小数点后第三位数的胜利"。而瑞利也因发现稀有元素"氩"和在气体密度精确测量方面所作出的贡献，获得了1904年度诺贝尔物理学奖。

著名科学家汤姆逊曾经说过，"一切科学上的重大发现几乎都来自精确的量度，来自对许多数学的总结和明察秋毫的能力"。氩的发现就生动地说明了这一点。

资料来源：复旦大学研究生院. 研究生学术行为规范读本［M］. 2版. 上海：复旦大学出版社，2020.

【价值塑造】

使学生明白严谨在学术研究中的重要性，引导学生在学术研究中做到细致、周全、准确，追求真理、严谨治学。

资料二　　　　　　　本科毕业论文也要抽检

本科毕业论文也会被教育部组织抽检了。2020年12月24日，教育部印发《本科毕业论文（设计）抽检办法（试行）》（以下简称

《办法》），启动本科毕业论文（设计）（以下简称"本科毕业论文"）抽检试点工作，旨在督促高校落实立德树人根本任务，推动高校加强培养过程管理、把好毕业出口质量。

论文抽检，此前主要在博士硕士学位论文中进行。教育部教育督导局负责人在接受记者采访时指出，区别于博士硕士学位论文抽检重点考察研究生创新性和科研能力，本科毕业论文抽检重点考察本科生基本学术规范和基本学术素养，它是一种"合格性"考察。

本科毕业论文抽检每年进行一次，抽检对象为上一学年度授予学士学位的论文，抽检比例原则上应不低于2%。省级教育行政部门采取随机抽取的方式确定抽检名单，抽检论文要覆盖本地区所有本科层次普通高校及其全部本科专业。

具体来说，初评阶段，每篇论文送3位同行专家评议，3位专家中有2位以上（含2位）专家评议意见为"不合格"的毕业论文，将认定为"存在问题毕业论文"。3位专家中有1位专家评议意见为"不合格"，将再送2位同行专家进行复评。复评阶段，2位复评专家中有1位以上（含1位）专家评议意见为"不合格"，将认定为"存在问题毕业论文"。对涉嫌抄袭、剽窃、伪造、篡改、买卖、代写等学术不端行为的毕业论文，高校要按照相关程序进行调查核实，对查实的应依法撤销已授予学位，并注销学位证书。

对高校来说，国家监督利剑高悬。《办法》明确，对连续2年均有"存在问题毕业论文"且比例较高或篇数较多的高校，省级教育行政部门应予以通报，减少其招生计划，进行质量约谈，提出限期整改要求；连续3年抽检存在问题较多的本科专业，经整改仍无法达到要求者，视为不能保证培养质量，省级教育行政部门应依据有关规定责令其暂停招生，或由省级学位委员会撤销其学士学位授权点。此外，抽检结果将作为本科教育教学评估、一流本科专业建设、本科专业认证以及专业建设经费投入等教育资源配置的重要参考依据。

本科阶段是学生世界观、人生观、价值观形成的关键时期。遵守学术诚信，是对本科毕业论文的底线要求，是学生道德品质的直接体现，也是反映高校立德树人成效的重要窗口。《办法》的出台，体现了国家打击学术不端、维护学术诚信的决心。高校更要引导本科生回归刻苦读书、踏实求学，扣好学术规范的第一颗扣子。

学生只有严格按照人才培养方案要求，认真学好每一门课、做好每一项实践，才能打牢完成本科毕业论文（设计）的基础，才能减少出现"问题论文"的可能。学校、教师应以本科毕业论文（设计）抽检工作为契机，做好学生的思想动员和宣传警示工作，引导学生端正学习态度，树立"诚信为本、潜心治学"的学习观念，回归课堂、回归实验室、回归图书馆，认真完成每一门课程的修读，作出一篇高质量本科毕业论文（设计）。《办法》对于全面振兴本科教育、提升人才培养质量具有里程碑式的意义。

资料来源：张盖伦. 本科毕业论文也要抽检！专家：扣好学术规范的第一颗扣子［N］. 科技日报，2021-01-08（3）.

【价值塑造】

使学生明白在本科毕业论文撰写过程中遵守学术道德和学术规范的重要性，帮助学生扣好学术规范的第一颗扣子。

阅读与思考

数字化时代的学术不端会让个体学术征信破产

2022年4月15日，《经济学》（季刊）编辑部在其官网上发布了一则"学术不端行为的处理决定"。事情的起因是某校博士生在向该刊投稿过程中出现了学术不端行为，由此，编辑部出于"维护学术道德，树立良好学风"的目的，对该投稿人给予严肃处理。

这份处理决定共包括4条处理意见，其中引起社会高度关注的主要是第一条与第四条，即10年内禁止其向《经济学》（季刊）投稿与该处理决定将在刊物主页上展示至少2年。

这份处罚很严厉，10年内禁止投稿就是对个人的顶格脱钩，象征意义大于实际意义，最厉害的是第四条。如果最后学校调查认定该行为属于学术不端，相信该同学会为此付出极为惨痛的代价。

关于学术不端的话题是学术界的常规话题，时有发生。为捍卫科技活动的学术伦理底线，最大限度杜绝学术不端已成为各级科技管理部门的一项常规基础性工作。国际学术界对于狭义学术不端事件的认定通常采用1992年由美国国家科学院、工程院和医学院三方专家联合给出的定义与分类，它包括3种类型，即伪造、篡改、抄袭。本案例中的学术不端事件如果最后被确证属于典型的抄袭行为，则是最低级的学术不端类型。那么，如何看待互联网时代的学术不端及其后果呢？

上述3种学术不端行为，按照鉴别难度分级排列如下：抄袭、伪造与篡改。从这个意义上说，抄袭是最没有技术含量的学术不端行为，在互联网检索系统如此发达的今天，各编辑部在审稿之前都有查重环节，因此，发生这种学术不端行为无异于学术"自杀"。随着学术交流的日益频繁，抄袭也演变出一些新形式，如利用参加学术会议、讲座等机会，将听到、看到的新颖信息据为己有而不加注明。相比1.0版的简单复制粘贴模式，这种形式鉴别起来要困难得多，学术界通常基于个体的学术积累情况及现场会议信息对剽窃者进行鉴别。

对于伪造，只要对原始数据、实验记录及文献进行复查，基本上就可以发现造假者。最难鉴别的学术不端行为是篡改，没有人愿意重复别人的工作，除非当事人的表现太令人震惊，由此引发同行大量跟进。如果同行均不能重复篡改者给出的结果，篡改者自身也难以重复结果，那么往往会引发科技共同体的信任危机，最后篡改者将被科技共同体彻底否定。

在以互联网为代表的数字化时代，如果涉嫌实施学术不端行为会对个体带来哪些危害呢？

首先，互联网是有记忆的，所有荣光（真）与所有污点（假）都会被永远记录。任何发表过的成果都会在互联网上留下痕迹，只要个体有学术不端行为，就相当于为自己的学术生涯埋下一颗不知何时会爆炸的地雷。这是工业化时代所没有的现象，那时寻常的污点信息会被随时间流逝而增加的新信息所掩埋。但是，数字化时代的互联网有无限的空间和时间来永久保留那些污点信息。这就相当于人要为一次过错承受一生的责罚。诚如林肯所说，你可以一时欺骗所有人，也可以长时间欺骗一些人，但不可能长时间欺骗所有的人。从这个意义上说，数字化时代的学术不端就是悬在每个从业者头上的达摩克利斯之剑，一旦涉险，再无宁静。

其次，负面影响也会形成马太效应的陷阱，从而导致负面影响出现极化现象。美国科学社会学家默顿曾指出，科学界不仅存在优势累积的马太效应，同样也存在劣势累积的马太效应。由于数字化时代的特点，学术不端行为一旦被确证，它的负面影响就将随着互联网无限延伸，在时间的加持下，负面影响出现累积与折叠现象，这种马太效应会带来惩罚的过度与扩大化，这种现象被称作极化现象。人性的幽暗之处恰恰在于，我们对于一个人好的方面往往印象不深甚至也不关注，但对于坏的方面却印象深刻且能记很久。正面马太效应有助于实现赢者通吃的优势累积局面，而一旦负面马太效应出现极化现象，就会导致一无所得的劣势累积局面。学术界是关注长期价值的，而学术不端恰恰反映了投机者对于短期价值的追求。

最后，学术诚信是构建个人学术征信系统的最重要内容。按照英国社会学家吉登斯的说法，整个现代社会是完全依靠信任机制与专家系统来维持运行的，科技界更是如此。既然信任机制在科技界如此重要，那么一旦违反，后果将极为严重。科技界是一个典型的外松内紧的知识生产领域，外部宽松的环境为科技活动营造一种自由的学术氛围，内紧原则促使科技活动保持严谨性。

科技共同体一般相信其成员的研究是诚实的，毕竟个人的学术诚信是以个人的声誉背书的，一荣俱荣，一损俱损。没有人会拿自己的声誉去挥霍，因为一旦学术不端被发现，就会导致所有前期积攒的学术资本被清零，巨大的沉没成本没有人承担得起。

积攒学术声誉是非常缓慢的过程，而毁掉它是极为容易的事情，只要出现一次学术不端行为，多年积攒的学术声誉基本上就灰飞烟灭了。从这个意义上说，涉嫌学术不端实在不划算。科技界没有捷径可走，也没有弯道超车的幻象，有的只是踏踏实实、一步一个脚印地往前走。

随着创新驱动发展战略的进一步落实，人才在社会发展中的作用越来越大，相应的，鉴别人才的工作肯定会变得极为重要。由此，我们有理由推测关于个人学术征信的相关管理办法会很快出台。在互联网时代，每个人都创造并储存了大量关于个人的信息，只要利用大数据与人工智能技术，建立个人学术征信系统应该是很容易的事。

如果这个预测正确，那么学术不端行为在数字化时代受到的惩罚要比工业化时代严厉得多，而且更持久，会普遍出现惩罚过度现象。一旦学术不端行为被权威部门认定，就会在个人征信系统上显现出明显的标识，且很难被撤销。

试问，一个带有学术污点标识的求职者如何在人才市场上不被抛弃？年轻时的一个极其鲁莽与不负责任的学术不端事件会彻底改变一个人的命运，在以互联网为代表的数字化时代，惩罚过度现象也应适当纠偏。这里，还要纠正一个长期存在的认知误区，即对于小的恶嫉恶如仇，而对大的恶沉默不语。其实，在广义学术不端领域存在太多的大恶，而那恰恰是更需要关注的领域。

资料来源：李侠. 数字化时代的学术不端会让个体学术征信破产［N］. 中国科学报，2022-04-27（1）.

思考题：从《经济学》（季刊）编辑部对学术不端行为的处理，我们可以吸取哪些教训？

复习与思考

1.学术道德的基本准则有哪些？

2.学术伦理规范的基本要求有哪些？

3.哪些行为属于学术不端行为？

第四章　学术论文各组成部分写作

学习目标

通过本章学习，了解摘要、引言和文献综述写作中常见的问题，熟悉摘要和引言的结构，文献检索的途径，以及文献综述的写作原则，掌握摘要撰写的基本要求、引言的写作技巧、文献整理的技巧、文献综述的结构安排、研究设计的制定、研究结果的呈现以及讨论与结论的写法。

第一节　摘要与引言的写作

一、摘要的写作

（一）摘要的概念与结构

摘要是对学术论文研究内容不加注释和评论的简短陈述，是一篇具有独立性和完整性的短文。在撰写学术论文摘要时，一般使用第三人称，简明扼要地阐述学术论文的研究背景、意义、采用的方法和得出的结论。

具体而言，摘要主要包括四部分内容：

一是回答"为什么研究"，即用一到两句话简明扼要地介绍研究的背景与意义，引出研究问题。

二是回答"研究什么内容"，即简要概述研究的具体问题。

三是回答"如何进行研究"，即简要概述所采用的方法，并对每个步骤进行描述。

四是回答"研究得出了什么结论"，即报告研究结论及其意义，并用具体数据来支撑，确保研究结论的准确性和严谨性。例如，《合同约束力、劳动保护制度与农民工福祉——以上海市为例》①一文的摘要如下：

促进农民工在共建共享中实现全面发展，是党中央"促进公平正义、增进人民福祉"的必然要求。基于上海市 2015—2020 年 4 858 个微观样本，以健康作为福祉的替代变量，实证分析了劳动合同约束力、劳动保护对农民工福祉的影响及其作用机理。研究发现：

（1）84.64%的农民工与其雇佣者签订了某种形式的合同，表明《中华人民共和国劳动合同法》的颁布与推行推进了农民工市场劳资关系法治化以及合同签署的规范化。24.68%的农民工获得了雇佣企业为其购买"五险一金"，36.25%的农民工所在企业严格遵守工时制度，56.98%的农民工获得了雇佣企业为其提供的餐饮补贴，表明我国劳动保护制度执行情况有待提高。

（2）农民工所签劳动合同的法律约束力越强，则其所在企业更具有显著的动机切实执行劳动保护制度。在合同约束力促进农民工福祉水平提升过程中，劳动保护制度起到了显著的中介作用。社会保险、工时制度和生活福利 3 个方面的劳动保护制度，均会显著提升农民工

---

① 程名望，韦昕宇. 合同约束力、劳动保护制度与农民工福祉——以上海市为例 [J]. 管理世界，2024，40（3）：147-160.

福祉水平。

（3）通过进一步的异质性分析发现，上述现象在受教育水平较低、受雇于服务行业、来自制度质量水平较低地区的农民工样本中更为显著。本研究对于促进农民工福祉的提升乃至中国实现社会公平正义的目标具有重要意义。

例如，《机构投资者驱动企业绿色治理：监督效应与内在机理》[①]一文的摘要如下：

政府环境规制政策对企业绿色行为决策形成差异化影响，围绕企业绿色治理的市场驱动型环境治理机制是构建现代环境治理体系的关键路径之一。本文作者从市场驱动型环境治理机制视角拓展股东积极主义模型，利用文本分析法等测度机构投资者沟通有效程度，探讨机构投资者驱动企业绿色治理的监督效应及内在机理。本文作者利用模型推导发现，机构投资者基于绿色价值创造和社会效用动机，积极沟通介入控股股东绿色经营决策，有效沟通的门槛条件取决于绿色关注、声誉因素、退出威胁和控股股东利益侵占成本的影响。实证检验结果证实，机构投资者沟通对于公司绿色治理绩效产生正效应，且在绿色投资者关注度较高、绿色声誉较大、退出威胁更强烈、控股股东持股比例越高或两权分离程度较低时绿色治理作用更显著；机构投资者沟通形成了提高绿色投资效率、驱动绿色创新、抑制绿色代理冲突和促进碳减排的绿色治理传导路径。本文作者进一步引入环境规制外生冲击，验证了碳排放权交易、新环保法实施与机构投资者沟通形成的绿色治理联动效应。最后，本文作者提出要发挥机构投资者绿色积极主义行为的市场驱动力作用，从内部传递性和外部联动性角度提升有效沟通程度，促进企业绿色治理机制形成。

---

① 张云，吕纤，韩云. 机构投资者驱动企业绿色治理：监督效应与内在机理［J］. 管理世界，2024，40（4）：197-214.

（二）摘要撰写的基本要求

摘要应力求客观、逻辑清晰、语言简练，不用交代过多细节。对于摘要的撰写，"《城市问题》编辑部作者来稿须知"提出了4个要求。本书将这4个基本要求作为研究者撰写摘要时的重要指南。这4个要求具体为：

1.信息量大

摘要包括的信息量应与论文基本相符，使读者即使不阅读全文，通过摘要也能基本了解论文的观点和研究的基本结论。

2.结构完整

摘要应具有独立性，应该是可以被引用的完整短文；先写什么，后写什么，应有逻辑顺序；句子之间要前后连贯，互相呼应；句型应力求简单，少用或不用长句。

3.言简意赅

学术论文摘要的长度一般在300字以内，直接明了地阐述论文的创新之处或主要观点，每句话要表意明白，无空泛、笼统、含混之词；摘要不分段。

4.避免套话

不应出现作者所从事研究领域里的常识性内容，不应把应在引言中出现的内容写入摘要，也不要对论文的内容做解释和评论（尤其是自我评价）。比如，不要出现"城市规划是一项重要的政府职能""……具有很高的学术价值""抛砖引玉"之类的句子。

（三）摘要撰写中常见的错误

1.错把研究思路当摘要

这种错误主要表现为依次陈述论文各部分主要研究什么，却不报告研究发现，即没有报告作者通过研究而得出的核心观点。比如，一篇论文的摘要为：

以《××××年全国流动人口卫生计生动态监测调查》中××市的数据为基础，分析了流动人口的个人家庭属性和经济社会属性，并分别探讨了流动人口定居意愿的影响因素。根据数据分析结果，探讨了市场调节和政府调控对××市流动人口管理和人口调控的作用，并提出了相应的政策建议。

通过这份摘要，我们无法了解论文的研究结果，也不知道作者通过研究得出了什么样的结论。

2.大量介绍研究背景

有的作者为了在摘要中凸显研究的重要性，故而将研究背景中的一大段内容写进摘要。

3.用语不规范

摘要中使用谦辞等无意义的词，出现可有可无的关联词语、感叹词语与疑问词语，甚至包含生冷偏僻、自己杜撰的名词、术语或符号等。

4.包含图表或引文

有的作者为了凸显研究的重要性，在摘要中引用权威文献的观点，并标注引用。

5.出现主观评价

有的作者在摘要中不客观陈述研究内容，反而使用主观性强的词汇对研究内容进行评价。

二、引言的写作

（一）引言的结构

引言部分对于一篇学术论文来说至关重要，它是吸引读者注意力的第一环节，不仅让读者一窥即将探讨的主题，更是激发兴趣、建立初步认知的关键。一个有效的引言需要能够快速激发读者对文章主题的兴趣，因此，精心构造引言的重要性不言而喻。研究者需要认识到一个信息充实、结构紧凑的引言在提升学术论文质量和投稿接受率方面的作用，并致力于打造出这样的引言。

具体来说，引言的结构一般包括以下方面：

1.论文选题的背景与意义

这部分中简要回顾论文研究问题的背景，阐述论文选题的研究目的，充分论证论文选题的必要性和重要性。

2.论文选题研究的进展

这部分应当对国内外在该论文主题的研究作一总结。但一定不要在引言中就引用一大堆参考文献，这要求看文献的时候一定要把握本领域中的重要研究文献。

3.论文的具体研究问题

这部分主要针对现有研究工作中存在的问题，提出论文的思路和研究内容，简明扼要地交代本研究所采用的方法和手段以及得出的研究结论。

4.论文的研究贡献与创新

高度提炼论文研究的创新性和价值，展示论文的贡献与特色，从而凸显论文研究的重要性。

例如，《个税减免与企业薪酬策略》①一文的引言如下：

厘清税收归宿对于评估税收政策效果及优化税收制度有重要指导意义（聂海峰、刘怡，2010）。作为第三大税种，政府调整个人所得税（下文简称"个税"）有两个基本政策目标，一是优化收入分配，二是提高劳动收入进而促进消费（郭庆旺，2019）。截至2019年，中国已经实施了七轮个税改革，且《中华人民共和国国民经济和社会发展第十四个五年规划和2035年远景目标纲要》提出要继续"完善个人所得税制度，推进扩大综合征收范围，优化税率结构"。尽管已经实施了多轮改革，目前学界还鲜有文献探究中国个税的归宿问题，而厘清个税归宿有助于更为全面掌握个税改革的收入分配效应和促消费效果。

公共经济学理论认为，税收法定归宿人不等价于实际归宿人，税收实际归宿取决于被课税对象的供给和需求弹性（张阳，2008；布洛姆奎斯特、塞林，2010）。已有实证文献基于企业税收验证了税收归宿理论在现实中存在。例如，有研究发现企业税负提高后，企业会通过降低职工工资增速的方式转嫁税收成本，即企业税负成本最终由企业和员工共同承担（富斯特等，2018）。职工个税由企业代扣代缴，企业能准确获知政府给职工减免个税的金额。在这一背景下，企业是否会通过降低薪酬增速的方式分享个税减免红利？

2018年中国开展第七轮个税改革，个税平均税率大幅下降，这为回答上述问题提供了契机。为改善收入分配，政府进行了第七轮个税改革，在大幅提高免征额的同时也对税率做了调整（李文，

---

① 唐珏，郭长林. 个税减免与企业薪酬策略［J］. 管理世界，2024，40（5）：71-91.

2019）。已有研究发现，本轮改革使个税平均税率下降幅度较大（张玄、岳希明，2021；李本贵，2022；刘蓉、寇璇，2019）。时任国家税务总局局长王军指出，所有改革前缴纳个税的职工的税负都因本次改革而下降，其中8 000万名职工减税幅度达到100%，6 500万名职工减税幅度处于70%~100%之间。

利用第七轮个税改革这一外生冲击，本文借鉴卡尔波尼埃等（2022）的思路，基于上市公司数据，探究个税归宿。研究发现，个税减免政策实施后企业会改变薪酬策略，降低薪酬增长率。在排除地区层面政策的影响及替换度量指标后，该结论依然成立。考虑到不同企业职工数量存在较大差异，使用职工数量作为权重，进行加权回归后，核心解释变量的系数依然变化不大。进一步，上述结论也通过了平行趋势检验。这说明企业会因个税减免而改变薪酬策略的结论较为稳健。

本文对已有研究的贡献如下：

第一，拓展了税收归宿的研究视角。已有学者大多围绕企业税收探讨税收归宿问题，发现政府改变税负，企业会通过调整职工薪酬等方式转嫁税收成本（杜鹏程等，2021；寇恩惠等，2021；苏国灿等，2020；汪昊等，2022；富斯特等，2018；苏亚雷斯·塞拉托、齐达尔，2016）。还有学者发现，消费税由企业和消费者共同负担（周波、赵国昌，2020）。本文发现个税是由企业和职工共同负担，为税收归宿研究提供了一个新的视角。

第二，丰富了个税经济后果这一支文献。已有研究主要从收入分配（刘蓉、寇璇，2019；李本贵，2022；徐建炜等，2013）、职工消费（赵达、王贞，2020；徐润、陈斌开，2015）、职工薪酬领取方式（苗等，2022）及劳动供给（叶菁菁等，2017；刘怡等，2010；克列文、舒尔茨，2014）等角度分析个税的影响。还有少量文献分析了个税对企业创新（程小可等，2021）、生产效率（段姝等，2022）及出口产品质量（龚世豪等，2023）的影响。本文发现，企业会凭借其谈判能力，获得一定比例的个税减免额，进一步拓展了个税研究视角。

第三，有助于更为全面认识个税的收入分配效应。已有文献假定个税全部由个人承担，并基于政策前个人收入数据，模拟个税变动对不同人群收入的影响，进而分析个税的收入分配效应（徐建炜等，2013；张玄、岳希明，2021；李本贵，2022；刘蓉、寇璇，2019）。本文发现企业会获得一部分个税减免额，并用于招聘低技能职工，这对于重新理解个税的收入再分配效应有一定的启示。

（二）引言的写作技巧

1.政策文件导入型

政策文件导入型引言主要通过引用与研究主题相关的政策文件的具体内容，来凸显选题的重要性。比如，《农民工与城镇职工的职业趋同：基本事实与影响机制》①一文的引言就通过引用有关"城乡融合发展""农业转移人口融入城市"的相关政策，来凸显对与"农民工融入城市"密切相关的"农民工与城镇职工的职业趋同"这一主题进行研究的重要性。其引言的第一段如下：

长期以来，国家为促进城乡融合和新型城镇化作出了持续的探索和不懈的努力。党的二十大报告强调"坚持城乡融合发展，畅通城乡要素流动"。为保障农民工享有公平就业的机会，报告同时提出"统筹城乡就业政策体系，破除妨碍劳动力、人才流动的体制和政策弊端，消除影响平等就业的不合理限制和就业歧视，使人人都有通过勤奋劳动实现自身发展的机会"的改革路径和目标。国家发展改革委在《2022年新型城镇化和城乡融合发展重点任务》中要求"坚持把推进农业转移人口市民化作为新型城镇化首要任务""提高农业转移人口融入城市水平"。农民工的城市融入可以划分为"经济融合、社会融合、文化融合、心理融合和身份融合"（卢海阳等，

---

① 盖庆恩，赵文铖，王美知，等. 农民工与城镇职工的职业趋同：基本事实与影响机制 [J]. 管理世界，2024，40（4）：138-157.

2015）。这 5 个维度相互依存、互为因果，其中经济融合是农民工在流入地生存和发展的前提和基础保障，而就业机会和职业流动决定了经济融入的可能性和速度（风笑天，2004；杨菊华，2015）。当前，农民工和城镇职工间的职业隔离是造成其工资差距的重要因素，进而阻碍了农民工融入城市的进程（章莉等，2014；陈琨、徐舒，2014）。因此，推动农民工融入城市的关键在于保障其享有公平就业的机会。

2.现实问题导入型

现实问题导入型引言主要通过陈述目前社会上存在的急需解决的现实问题，以凸显选题的重要性。比如，《合同约束力、劳动保护制度与农民工福祉——以上海市为例》①一文的引言就通过陈述目前农民工的健康权益没有得到充分保护这一社会现实问题，来凸显对“农民工福祉”这一主题进行研究的重要性。其引言的第一段如下：

公平正义是中国特色社会主义的内在要求，是马克思主义追求的终极目标之一。党的十八大以来，党中央高度重视公平正义问题，一再强调“促进公平正义、增进人民福祉”是社会改革和发展的落脚点。健康是个人福祉的重要组成部分，直接影响个人生活质量和全面发展（格罗斯曼，1972；卡特勒、莱拉斯穆尼，2009）。改革开放以来，数以亿计的农民工进城务工，为中国“增长奇迹”作出了重要贡献（程名望等，2018）。但由于户籍制度与城市管理体制等因素制约，农民工成为城市中的弱势群体，无法和市民平等共享城市的经济繁荣与社会服务，处于劳动市场的弱势地位，谈判地位较低，健康权益没有得到充分保护（蔡昉，2010；周小刚、陆铭，2016）。根据《2020 年农民工监测调查报告》的数据，2020 年

---

① 程名望，韦昕宇. 合同约束力、劳动保护制度与农民工福祉——以上海市为例 [J]. 管理世界，2024，40（3）：147-161.

农民工总量为 28 560 万人，其中到外乡就业的有 16 959 万人。就行业分布看，45.6% 就业于制造业和建筑业，12.4% 就业于居民服务、修理和其他服务业，12.2% 就业于批发和零售业，从事的主要为"脏、累、差"的体力劳动，给其身心健康带来了极大冲击，身体健康状况不容乐观（高等，2012；邓睿，2019）。根据国家卫生健康委员会发布的 2017 年流动人口动态监测调查数据，近一半农民工在调查前一年曾经患病，且有近一半农民工在患病后没有去当地医疗机构就医（赵建国、周德水，2021）。根据 2018 年中国劳动力动态调查数据，和城镇户籍劳动力健康状况相比，城镇户籍劳动力有 9% 处于不健康的状态，而农民工有 17% 处于不健康的状态，健康水平远低于城镇劳动力。而实际上，早在 2015 年 3 月，中共中央、国务院就发布了《关于构建和谐劳动关系的意见》，强调"贯彻落实好劳动合同法等法律法规，加强对企业实行劳动合同制度的监督、指导和服务"。针对农民工群体，为了规范农民工工资支付行为，保障农民工按时足额获得工资，国务院于 2020 年 1 月发布了《保障农民工工资支付条例》。在 2023 年底召开的中央经济工作会议明确指出要"切实保障和改善民生"，要"兜住、兜准、兜牢民生底线"，并提出要"保障农民工工资按时足额发放"，表明中央政府对于"增进民生福祉"的决心，以及对农民工权益保障问题的高度重视，以使劳动保护制度的有效执行成为构建新时代和谐劳动关系、保护农民工权益的重要保障。

3. 理论/概念阐释型

理论/概念阐释型引言主要通过引用相关研究文献来强调研究某一理论或概念的重要性。同时，结合最新出现的情况，强调自己研究该理论或概念的侧重点，以凸显研究价值。比如，《流动人口女性个体的生育间隔影响因素研究——基于 2016 年全国流动人口动态监测调查数据》[①]一文引言的第一段强调"生育间隔始终是学术研究的重点"，第二段则阐述"全面放开二孩生育政策"后研究女性生育间隔问题的重要性，第三段阐述研究流动人口女性个体生育间隔影响因素的重要性，以凸显论文的侧重点及研究价值。其引言的具体内容如下：

作为反映生育行为的一个重要方面，生育间隔始终是学术研究的重点。因为生育间隔不仅仅是生育问题，更是人类发展的问题，关乎人力资本的质量水平，对未来经济发展有着至关重要的作用。具体而言，第一，生育间隔的长短与育龄女性的生育率、母婴的健康情况关系密切，影响着一个国家的生育水平与生育质量（Kohler et al., 2002；Leridon, 2004）。为更好地抚育现有孩子，保证生育质量，母亲会在生育过程中保持胎次间隔的适中（Deweykg and Cohen, 2007）。同时，生育间隔也度量了父母对孩子投资的多寡，即父母用于提升孩子质量的花费。在生育男孩后其生育间隔变长则说明父母对男孩的投资多于女孩，存在性别偏好（陈卫，2002；章元等，2009）。第二，生育间隔能够直接对家庭生命周期产生影响，有效调节家庭人口年龄结构，从而与家庭的养育、养老问题相联系。第三，生育间隔还会影响家庭的立户条件，进而影响未来的住房需求和社会经济结构，关乎下一代人类的福祉。

自我国实施"全面放开二孩生育政策"以来，生育率依然持续走低。实际上，分析人口出生率低的原因，除抚养成本、女性劳动市场参与率等指标提高外，可能更主要的原因还在于我国一孩出生数量不断下降。而这一结果的产生除了育龄女性数量呈逐年下降趋势外，女性不断推迟初婚初育年龄，扩大生育间隔，也是直接导致我国总体生育率下降的主要原因（巫锡炜，2010）。尤其随着教育制度的不断改革，女性获得高教育水平的机会增加，延迟婚育、增加生育间隔成为可能，因此对女性生育间隔问题的研究日益重要。

而随着我国城镇化水平不断提高，人口逐渐向城市集聚，这种大

①　赵昕东，李翔. 流动人口女性个体的生育间隔影响因素研究——基于2016年全国流动人口动态监测调查数据 [J]. 统计研究，2018，35（10）：69-80.

规模的人口迁移和流动在今后很长一段时间内仍将影响着我国的人口与社会发展。不仅流动人口占总人口的比重较大，而且女性劳动力也逐渐增多，流动模式呈现出家庭化趋势。因此，从生育间隔角度研究我国流动人口的生育问题，不仅有助于全面了解我国流动人口的生育行为，而且对扭转当前我国低生育率等相关问题有重要意义。那么影响流动人口女性个体在各孩次上的生育间隔因素是什么，特别是受教育水平将如何影响生育间隔，以及不同流动状态下的生育间隔变化，均是本文所要研究的内容。

4.文献矛盾挖掘型

文献矛盾挖掘型主要是指挖掘现有文献针对同一问题存在的彼此矛盾、互不相容的观点。发现现有研究的矛盾是文献分析的一个重要方面，这对我们的学术论文选题可能是一次非常好的机会。关注矛盾，思考矛盾，往往会给我们带来一次好的研究机遇。比如，《促进还是抑制？平台算法控制对零工工作者在线工作时长的双刃剑效应研究》①一文的引言就通过陈述现有文献在"算法控制对零工工作者的影响"方面存在分歧，进而提出"研究者亟待突破传统单一视角（促进或抑制）考察算法控制的有效性，全面系统看待算法控制对零工工作者存在的双刃剑效应"。其引言的第一段如下：

AI（人工智能）、Big Data（大数据）、Cloud（云计算）与零售、物流、服务产业的深度融合，推动了零工经济的蓬勃发展，也衍生出零工工作者这一崭新的职业。零工经济不仅重构了就业形态，还颠覆了人力资源的管理模式，将传统"线下"人力管理转至"线上"算法控制，实现平台对零工工作者的"全景监督"和控制（Mt and Min，2022；裴嘉良等，2021）。算法控制是指在线劳动平台运用算法对零工工作者进行

---

① 刘善仕，玉胜贤，刘嫦娥. 促进还是抑制？平台算法控制对零工工作者在线工作时长的双刃剑效应研究 [J]. 商业经济与管理，2023（5）：17-28.

智能任务分配、过程追踪监督以及动态工作评估，以确保服务结果与平台目标一致的过程（Lee et al.，2015）。随着平台"算法热"的升温，算法控制的有效性随之受到热议，当前存在两种不同的观点。一种观点认为算法控制对于零工工作者的认知、态度和行为表现存在积极的影响。Rosenblat 和 Stark（2016）研究认为，算法系统嵌入的奖励机制能够提高零工工作者的平台工作体验感和效能感，进而促进其改进工作表现；Kellogg 等（2020）研究分析发现，算法采用的线上控制能够使零工工作者摆脱管理者直接领导和面对面交流的束缚，从而降低他们的工作压迫感和心理不安全感体验；裴嘉良等（2021）通过实证数据分析也表明，工作过程中的行为指导和实时反馈机制会使零工工作者将算法控制视为挑战性压力，能激发其提高服务绩效水平。另一种观点认为算法控制会对零工工作者产生消极效应。具体而言，算法控制中的行为约束、时效要求和扣罚机制违背了平台倡导的灵活自主的工作模式，导致零工工作者陷入疲于奔命的"赶工游戏"，产生负面情绪和工作不安全感（Wood et al.，2019；陈龙，2020）。Cutolo 和 Kenney（2021）分析同样指出，算法控制使自由工作者陷入"非自由"状态，使其面临诸多约束和威胁，俨然成为"平台依赖性创业者"。鉴于现有分析存在的分歧，研究者亟待突破传统单一视角（促进或抑制）考察算法控制的有效性，全面系统看待算法控制对零工工作者存在的双刃剑效应。

5.国内外研究对比型

国内外研究对比型主要通过对某一主题的国内外研究概况进行对比分析，以反映出国内在该主题研究方面的不足，进而凸显论文选题的价值。比如，《国外体育迷研究的热点、网络与趋势——基于 Web of Science 核心数据库（1975—2019）的知识图谱分析》[①]一文的引言就通过对国内外在"体育迷"这一主题方面的研究概况进行对比分

---

① 张小林. 国外体育迷研究的热点、网络与趋势——基于 Web of Science 核心数据库（1975—2019）的知识图谱分析［J］. 成都体育学院学报，2020，46（5）：43—50.

析，指出国内在体育迷研究方面的不足，以凸显对"国外体育迷研究的热点、网络与趋势"进行分析的重要性。其引言的具体内容如下：

　　体育作为一种特殊的社会文化现象，以其强大的号召力，吸引着众多爱好者，形成了特有的"体育迷"亚文化群体。国内关于体育迷的学术研究，自徐群、雷宏发表《体育迷暴力行为之心理初探》肇始，其后中断近10年。郭晴翻译了劳伦斯·文内尔的《媒介体育、性别、体育迷与消费者文化：主要议题与策略》，使之回归国内学者的视野，随后有了体育赛事消费、身份认同、观赛动机、女性体育迷、体育迷网络媒介使用等研究。不过，国内现有成果寥若晨星，且研究的深度和广度有待提升。国外早在20世纪70年代，就有学者撰文探讨体育迷现象，经过近50年的发展，业已产生了一些在国际上有影响力的学者，积累了一批经典文献，形成了一套成熟的研究范式，对我国的体育迷研究具有重要参考价值。

（三）引言写作中常见的问题

　　一些研究者将论文的引言看成一种形式，是可有可无的部分，将引言的写作和正文的写作相分离，只是为了给论文加"一顶帽子"。

1.创新点表述不明确

　　写作时，一些研究者研究背景叙述较多，看了半天迟迟不入"主题"；或者研究背景所占篇幅较大，而对"研究重要性"却只字不提，从而无法准确地展示研究的具体价值和意义。为了强调研究的创新性，有时候作者会详细论述研究的发展现状，从而导致引言变得冗长，分散了读者对主要论点的关注。另外，一些研究者未能明确区分自己的研究成果与他人工作的不同，导致所述创新点含糊不清，甚至产生矛盾。常见的现象是一般化地论述研究的重要性，甚至从技术所涉及的行业在国民经济中的地位开始谈起，就像一篇领导的讲话稿。即便是落脚于研究的主题，也是从宏观谈起到微观结束，停留在一般性的论述较多。显然，这样做的结果是使读者无法准确地判断论文命题的具体价值。因为研究者缺少对当前研究状况的概括和介绍，所以读者不知道该研究与以往的研究工作有什么不同。基于此，学术论文的引言必须交代研究工作的背景，并概括性地论述所研究问题的现状。对研究现状的论述不仅是考查研究者对资料的占有程度和熟悉程度，更重要的是从资料的全面程度和新旧程度可以判断研究工作的意义和价值，以及研究结果的可信度。

2.缺乏必要的背景知识

在写作中，引言既要展示背景的广度，更重要的是显示作者对研究背景了解的深度。一些作者对研究问题的理解并不深入，当介绍研究现状时，他们通常会简单列举大量参考文献，罗列不同研究者的不同做法和结论，缺乏对问题的分析和对研究成果的概括，有时甚至将一些与本文研究无直接关系的文献也列入其中，片面强调资料的丰富性。尽管有人认为不同研究对介绍研究现状有不同要求，但从写论文的角度出发，引言的目的在于阐述论文主题的意义，而不是综述研究资料，尽管综述为读者查找资料提供了方便。因此，应以作者个人的语言概括研究现状，特别是难点和不足之处，进而引出论文研究的主题。

有效的引言应概述研究选题在学科领域的地位、作用和当前研究状况，特别是未解决的问题。但很多作者在介绍研究现状时只列举参考文献，缺乏深入的分析和概括，未能展示研究的意义和价值。有些论文的引言内容和结构与摘要重复，没有提供足够新的信息或深入的背景分析，导致引言失去了深化理解和引出研究主题的独特作用。

3.片面夸大研究的创新点

这个现象比较普遍。一些研究者在阐述学术论文的创新点时，喜欢用"填补空白""具有原创性"等词语。事实上，通过一年多的时间甚至几个月时间写成的学术论文，要获得一项填补空白或有原创性的研究成果，不能说不可能，但的确十分不易。一般的学术论文，不会有什么惊天动地的大创新，只是在前人基础上一点点改进。因此，对创新点的阐述要客观准确，不可夸大其词。创新点不是人为拔高的，而是在以往研究的基础上比较出来的。创新也不是自己认为有就有的，而是需要得到同行认可。创新不容易，能在论文中找到一丝丝的自己想到的而没被别人想到的地方，都可以挖掘一下。对创新点的阐述一定要实事求是，如果随意夸大、无限拔高，结果只会适得其反。从用词来说，可以用"拓展了某某理论""完善了某某理论""弥补了某某的不足"等。

（四）引言写作中的注意事项

1.开门见山，不绕圈子

在撰写引言时，应直截了当地介绍研究主题，避免过多篇幅地叙述历史渊源和立题过程。介绍前人的研究工作之后，要笔锋一转，指出文献中的缺漏。正因为文献中存在不足，有提升的空间，有悬而未决的科学问题，后续研究才有价值；否则，如果以往的研究都完美了，那么还有什么研究空间呢？

2.言简意赅，突出重点

引言不是综述，没有必要不厌其烦地介绍看过的所有论文。要概括出以往研究工作的脉络，并引用典型的论文。不应过多叙述同行熟知的及教科书中的常识性内容，确有必要提及他人的研究成果和基本原理时，应以简短的引用形式呈现。在提示本文工作和观点时，语言应简练明确。

3.尊重科学，实事求是

在引言中，评价论文的价值要实事求是，避免使用夸张的自我评语。不宜使用"首创""首次报道""填补了空白"等过于自我宣扬的表达方式。同时，也不需要过多使用诸如"才疏学浅""水平有限"等谦逊用语，而是以客观、中肯的语言陈述研究意义。

4.回顾历史要有重点，并注意深度

在回顾历史时，紧扣文章标题，用几句话概括即可，不要罗列冗长的历史发展。在提及过去文献所用的方法时，不必展开具体的方法、结果和讨论。适当引用过去的文献内容，但不要长篇描写。要注意点面结合，在概述以往研究工作脉络后，还要简短地举出两三个典型的、相关的文献报道。

5.指出缺陷要有分寸，并注意措辞

虽然指出文献中的缺漏是必要的，但不要把前人的研究工作说得一钱不值。科学是不断发展进步的，人们对研究课题的认识也是不断深入的。前人刚开始做这个课题时，当时的条件用今天的眼光来看不理想，但正是基于前人的摸索，才开展了后续研究。此外，别忘了自己的论文有可能被编辑送到他人的手里进行评审。

第二节　文献检索与综述撰写

一、文献检索

（一）文献资料的种类

作者在学术论文写作的过程中需要搜集很多文献资料。这些文献资料按照不同的标准，可以进行不同的分类。本书按照文献资料来源将其分为第一手资料和第二手资料；按照文献资料学术性将其分为学术资料和非学术资料。

1.按照文献资料来源分类

第一手资料是以原始形态呈现的资料，包括问卷调查数据、访谈记录、日记、相片、会议记录、档案等。

第二手资料是对第一手资料进行解释、作出判断等加工处理而成的资料，包括期刊论文、会议论文、学术论文、学术专著、教材、报纸文章等。

2.按照文献资料学术性分类

学术资料是指专门、系统地论述某一问题，有作者自己的观点、主张的资料，包括期刊论文、会议论文、学术论文、学术专著等。

非学术资料是指客观记录事实、描述过程、介绍知识，没有作者自己的观点、主张的资料，包括相片、会议记录、档案、报道、工具书等。

（二）文献检索的途径

国学大师季羡林先生曾说过："搜集资料必须有竭泽而渔的气魄。"季先生的这句话告诉我们，搜集资料不能偷懒，也不能偷工减料，应该做到旁征博引、巨细无遗。科学研究工作没有什么捷径，一是靠勤奋，二是靠天赋，但前者更为重要。[1]因此，研究者应充分利用身边的资源，去搜集学术论文所需资料。

1.通过学校的网络文献数据库检索学术文献

常见的中文数据库有"中国知网""万方""维普""龙源"等，常见的外文数据库有 APA（美国心理学会）、EBSCO 的 Academic Search Premier 和 Business Source Premier、OCLC FirstSearch 的 ECO 等。各高校图书馆的主页上一般都有该校购买的网络文献数据库的链接，

---

[1]　孙立会.博士学位论文开题报告的几点思考［J］.中国研究生，2013（4）：36-39.

研究者可以通过这些链接进行学术文献资料的检索下载。研究者如果不知道如何利用这些网络文献数据库，可到学校图书馆找馆员咨询，馆员一定会耐心地解答。

当然，由于网络文献数据库里文献繁多，有时通过关键词搜索能检索到数百篇甚至上千篇相关文献，这时研究者就应该先挑选其中一些重要的文献进行下载阅读，而对一些不重要的文献可以只浏览一下其摘要。例如，在"中国知网"中检索文献时，可以设定只检索"核心期刊""CSSCI"期刊的论文。为了更好地鉴别文献的重要性，研究者应对本学科领域的重要期刊目录做到心中有数。常见的重要期刊目录有国家自然科学基金委员会管理科学部认定的重要期刊目录、国家社科基金学术期刊资助入选名单（共两批）、中文社会科学引文索引（CSSCI）（南大核心）、中文核心期刊要目总览（北大核心）、中国科学引文数据库（CSCD）等。研究者应根据自己所学专业的学科特点，选择本领域公认的重要期刊目录进行熟悉。

2.到学校图书馆查阅纸质文献资料

各高校图书馆一般都购买了大量与本校所开设专业相关的图书资料，研究者可以在图书馆网页上检索馆藏图书资料，找到自己需要的图书后再到相应库区借阅。图书馆内一般也都建有期刊阅览室，有的高校还分设现刊阅览室和过刊阅览室。研究者在期刊阅览室中可以找到本专业领域较为重要的学术期刊，进行阅读、摘抄或复印。如果发现本专业领域某些重要图书资料或者某些重要学术期刊，图书馆内没有，那么可以向图书馆荐购。

3.运用 "百度学术搜索" 检索学术文献

百度学术搜索是百度旗下提供海量中英文文献检索的学术资源搜索平台，可检索到收费和免费的学术论文，并通过时间筛选、标题、关键字、摘要、作者、出版物、文献类型、被引用次数等细化指标提高检索的精准性，内容涵盖各类学术期刊、会议论文。

对于不方便使用学校购买的网络文献数据库和图书馆纸质文献资

源的研究者而言，可学会运用百度学术搜索，从而方便地检索自己所需的学术文献。

4.运用百度搜集非学术资料

研究者撰写学术论文时，有时也需要用到一些非学术资料。例如，如果一篇学术论文要探讨"京东集团组织结构变革的动因与启示"，需要在梳理京东集团组织结构变革历程的基础上，分析其组织结构变革的原因，进而归纳出管理启示。由于网络上资源丰富，对京东集团组织结构变革事件进行报道的非学术资料繁多，研究者运用百度搜索引擎，可以便捷地找到所需资料，进而对京东集团组织结构变革的历程进行系统梳理。

5.通过问卷调查和访谈获取第一手资料

研究者在撰写实证学术论文时，通常需要通过问卷调查和访谈，以获取第一手资料。在一些研究领域，比如组织行为学领域，通过问卷调查搜集数据来考察一些变量之间的关系时，通常研究变量的策略是选用国内外成熟的量表。而在另外一些研究领域，通常会遇到没有成熟问卷的情况，这时就需要自己编制问卷。编制问卷时，应先通过访谈获取编制问卷条目的信息。编制问卷初稿后应先进行预试，之后再进行正式的测试。然后利用回收的问卷数据，进行探索性因素分析和验证性因素分析，测试问卷的信度和效度。在自己编制问卷的信度和效度得到保证的情况下，才能作为调查的工具。对于有的实证研究来说，也可直接用访谈获取的第一手资料进行研究。

二、文献整理

（一）使用文献管理软件

搜集到大量的文献资料后，需要对不同来源、类型、格式的文献进行整理，从而方便自己便捷地找到所需文献。其实，对有经验的科研工作者来说，文献资料的搜集与整理应该说是同步的，即边搜集边整理，资料搜集齐全的同时也得到了很好的整理。但不管是边搜集边整理，还是将资料基本搜集齐全之后再整理，都应利用文献管理软件。最常用的文献管理软件有 Endnote 和 NoteExpress。二者各有所长，研究者可以根据自己的偏好和习惯，选择其一进行系统学习，并用于学术论文文献资料的管理。下面分别对这两个文献管理软件进行简单介绍。

Endnote 由 Thomson Corporation 下属的 Thomson ResearchSoft 开发，是 SCI（Thomson Scientific 公司）的官方软件，支持国际期刊的参考文献格式有 3 776 种，写作模板几百种，涵盖各个领域的杂志，使用者可以方便地使用这些格式和模板。如果准备撰写英文稿件，更有必要采用此软件。Endnote 能直接连接上千个数据库，并提供通用的检索方式；Endnote 还具有翻译功能专业，可同步进行文献翻译阅读；Endnote 至少能管理数十万条参考文献，并且可以很方便地边书写论文边插入参考文献。其缺点主要包括：分组仅限二级目录，不支持标签管理；商业软件，收费较高；不具备检索历史保存功能，不支持 PDF 文件内搜索；不支持浏览器插件。

NoteExpress 是北京爱琴海软件公司开发的一款专业级别的文献检索与管理系统，其核心功能涵盖知识管理的"知识采集，管理，应用，挖掘"的所有环节。NoteExpress 具备文献信息检索与下载功能，可以从互联网上数以千计的国内外电子图书馆、文献数据库中检索，下载文献书目信息；也可以从全球最大的在线书店 Amazon 的资料库中检索，下载题录信息；还可以从硬盘本地文件中导入用户以前搜集的各种文献资料题录。NoteExpress 除了可以用来管理参考文献的题录外，还能够以附件方式管理参考文献全文或者任何格式的文件，文档。NoteExpress 的数据挖掘功能可以帮助用户快速了解某研究方向的最新进展、各方观点等。除了管理以上显性的知识外，类似日记、科研心得、论文草稿等瞬间产生的隐性知识也可以通过 NoteExpress 的笔记功能记录，并且可以与参考文献的题录联系起来。与 Endnote 相比，NoteExpress 对中文环境的支持更好，更容易上手，功能也很强大。其缺点主要包括：收费软件；不具有内置的 PDF 阅读器；不具备网络同步功能。

（二）建立核心书目

在文献资料繁多的情况下，对每篇文献都进行精读几乎是不可能完成的任务。常见的做法是选出有代表性的重要文献构建核心书目，对进入核心书目的文献精读全文，而对核心书目之外的文献可以只读摘要和结论。核心书目主要由学术论文（包括期刊论文、学术论文和会议论文）构成，也包括少量的专著。

对研究者来说，通常难以从文献本身的价值这一内在标准来判断文献的重要性。因此，在建立核心书目的过程中，通常采用两个外在标准来判断文献的重要性，一是期刊的档次，二是作者的学术声望。也就是说，一般应挑选那些发表在本专业领域重要期刊上的论文以及本专业领域知名学者发表的论文和出版的专著来建立核心书目。这就要求研究者熟悉本专业领域的重要期刊目录和知名学者的姓名。这对高学历研究者来说尤为重要，因为这个熟悉的过程其实也是研究者逐渐从本专业领域的外行慢慢变成本专业领域内行的过程。对于那些毕业后有兴趣继续从事学术研究工作的硕士、博士研究生来说，熟悉本专业领域的重要期刊目录和知名学者的姓名是基本要求。

对于一些常见的"重要期刊目录"，前面已有论述，在此不再赘述。而熟悉本专业领域知名学者的姓名，要比熟悉"重要期刊目录"困难得多，因为没有任何机构提供一份这样的名单，也没有官方的判断标准。在此介绍一些判断条件，也只代表本书作者意见，仅供参考。本书作者认为，知名学者应至少符合以下条件之一：

第一，入选国家级人才项目，如国家海外高层次人才引进计划、创新人才推进计划、青年英才开发计划、文化名家暨"四个一批"人才、新世纪百千万人才工程、国家有突出贡献中青年专家、教育部新世纪优秀人才支持计划、国家级教学名师、国务院政府特殊津贴、教育部高等学校教学指导委员会等。

第二，入选省级人才项目，如山东省的"泰山学者"计划、河南省的"中原英才计划"、湖北省的"楚天学者计划"、湖南省的"芙蓉学者奖励计划"、浙江省的"钱江学者"计划、福建省的"闽江学者计划"、广东省的"珠江学者"计划等。

第三，获得国家级基金项目，如国家自然科学基金、国家社科基金、国家艺术基金等。

第四，在"985工程"高校、"211工程"高校担任博士生导师。

第五，在本领域国内外权威期刊上发表过学术论文。

从上述条件来看，对本专业领域知名学者姓名的熟悉主要靠平时积累，临时突击很难奏效。

核心书目是研究者撰写学术论文的学术基础，是研究者"生产"论文的"原料素材"，是研究者在学术上和现有研究成果对话的对象。透过建立核心书目的过程，研究者能大概知道与自己论文选题相关的文献有哪些。因此，建立核心书目的过程也是个重要的学习过程，需要研究者花费大量时间来仔细筛选。

三、文献综述的撰写

（一）文献综述的目的

文献综述是针对本论文选题方向，搜集整理国内外的研究情况，通过了解已有相关研究成果，进行对比分析，旨在阐述已有研究文献对本论文的启示，或发现他人研究尚未解决的问题。文献综述之"综"是对论文的相关文献进行归纳整理并综合分析；文献综述之"述"是在对文献综合分析的基础上，对现有相关研究文献进行比较全面、深入、系统的评述。

要筑万丈高楼，必先打好地基。如果把研究者需要撰写的学术论文比作这万丈高楼，那么文献综述就是这万丈高楼的地基。只有扎扎实实做好文献综述，才能打牢整篇学术论文的"地基"。因此，文献综述的目的就在于导出学术论文的研究问题，说明其研究的必要性与可行性，并明确学术论文的创新点。

任何一项研究都不是凭空产生的，而是对前人研究的传承，是在前人研究基础上的继续深化。对研究者来说，也不太可能找到一个前人从未涉及过的选题。退一万步讲，即使找到一个属于研究空白性质的选题，也不可避免地需要从相邻学科领域的研究成果中汲取养分，寻求启迪。因此，开始一项研究，第一步就是要弄清楚前人说过些什么，是怎么说的，而这实际上也决定了我们能够说些什么，以及应该怎么去说。文献综述的任务就是通过对前人学说、观点的综合分析、评述，结合实际提出自己的见解和观点，指出为什么要进行此项研究，以及此项研究是否可行，并达到避免不必要的重复，实现学术创新的目的。

（二）文献综述的写作原则

1. "5W1H" 原则

"5W1H" 原则即按照谁（Who）、何时（When）、因何缘由（Why）、在哪篇论文或著作（Where）、提出了什么学术观点（What）以及怎样完成该项研究（How）的写作方式撰写文献综述的原则。其中，谁即文献的作者，何时一般指年份，提出了什么学术观点一般需要指出其学术贡献，此三项一般需要在学术论文的正文中列出。因何缘由指作者为什么进行该项研究，怎样完成该项研究一般指研究设计，此两项对于特别重要的文献可在正文列出，一般的文献可以不列出。在哪篇论文或著作通常指文献相关信息，一般在参考文献部分列出。

2. 穷尽性原则

所谓穷尽性原则，就是指文献综述的内容必须涵盖古今中外与研究问题有关的所有学术观点。诚然，如前所述，在做文献综述时我们要重视重要期刊上的论文和知名学者的文献。对于任何一个研究问题而言，重要期刊上的论文会有所涉及，本领域的知名学者一般也会提出一些具有代表性的学术观点。如果在重要期刊之外，或者知名学者之后，一些非知名学者通过进行类似的研究，提出了与知名学者相同的学术观点，研究者在做文献综述时可以忽略。但是，如果一些非知名学者通过研究，提出了一些与知名学者不同的学术观点，虽然该学术观点没有在重要期刊上得到发表，研究者在做文献综述时，也应该将这些不同的学术观点列入。

3.述评结合原则

文献综述写作必须述评结合。只有"述"没有"评"，文献是一盘散沙，会落入纯粹为了综述而综述的尴尬境地；只有"评"没有"述"，研究问题则持之无据，游谈无根，难有说服力。有学者认为一篇综述性文章中"述"与"评"的比例以7∶3为宜。①而且，在评的时候要敢于归纳，解析出已有研究文献的"贡献"与"不足"。通过进一步解析"不足"，从"不足"中导出自己的研究主题，也就是要研究某一个"不足"甚至研究某一个"不足"的某一个方面。如果学术论文旨在发展新理论，则文献综述需要更进一步，要在综述的基础上提出新的命题或模型，并在后续的实证研究中进行检验。文献综述中"述"与"评"的关系，见表4-1。

表4-1　　　　　文献综述中"述"与"评"及其关系②

项目	重要地位	撰写内容	撰写目标	撰写方法
"述"	"承前""继往"	研究问题"从哪里来"？	澄清所研究问题的历史演进及其规律，逼近、抵达理论前沿	历史方法
"评"	"启后""开来"	研究问题"向何处去"？	导出自己的研究问题	逻辑方法

4.服从主题原则

文献综述是为自己的研究主题所服务的，它通过对已有相关文献的回顾和梳理导出自己的研究问题。因此，所综述的文献必须围绕自己的

---

①　秦宇，郭为．管理学文献综述类文章写作方法初探［J］．外国经济与管理，2011，33（7）：59-65．

②　崔建军．论文文献综述的地位、写作原则与写作方法——以经济学专业论文写作为例［J］．唐都学刊，2014，30（5）：117-121．

研究主题而不能脱离这一主题。否则，就会破坏学术论文内在逻辑的一致性，导致文献综述和论文结构的复杂化，不可避免地给论文写作带来无穷无尽的令人烦恼的严重困扰。所以，研究者在撰写文献综述时，心中一定要牢记学术论文的主题，围绕主题来阐述已有文献的观点。

（三）文献综述的结构安排

在结构安排方面，通常因学术论文的类型不同而有所差异。对于一般的期刊论文而言，通常以找到现有文献存在的不足或缺陷从而引出选题为目标，在一些实证论文中大多与"引言"融为一体，或者与"研究假设的提出"融为一体，故而在结构方面没有固定的模式。对于学位论文或者综述论文来说，其结构安排通常包括以下几种。[①]

1.按照综述对象的不同构成部分

这种类型的综述对象一般是某个研究领域及其组成部分。例如，波特（Porter）在综述有关产业组织理论的经验研究时，就把文献综述的主体分为生产、技术和产业结构，不完全竞争市场计量分析，进入、退出与产业演进，规制产业研究，拍卖市场，技术变化、创新与组织等六个部分，它们涵盖了产业组织研究的主要内容。[②]Shelanski和Klein在综述交易费用经济学时按照交易紧密程度把相关文献分为纵向一体化、复杂缔约及"混合"模式、长期契约、非正式协议、特许经营协议等五个部分。[③]再如，Hannafey在综述企业家与伦理问题时也把相关研究分为与企业家本人有关的伦理问题、与组织和环境有

① 秦宇，郭为. 管理学文献综述类文章写作方法初探［J］. 外国经济与管理，2011，33（7）：59-65.

② PORTER H. Recent developments in empirical industrial organization［J］. The Journal of Economic Education，1994，25（2）：149-161.

③ SHELANSKI H A，KLEIN P G. Empirical research in transaction cost economics: a review and assessment［J］. The Journal of Law, Economics, & Organization，1995，11（2）：335-361.

关的伦理问题、与创业过程相关的伦理问题等三个部分。[①]

2.按照综述对象自身的发生、发展顺序

有些时候，综述所涉及的研究领域各组成部分之间存在明确的发生、发展顺序，按照这样的顺序进行文献综述，可以使我们更好地认识各组成部分之间互为因果的逻辑关系以及影响这种关系的因素。例如，在服务质量管理研究中，研究对象有如下发展顺序：服务消费→服务质量感知→满意度→未来消费倾向。不同研究者的研究重点可能各不相同，有些侧重于研究前两者之间的关系，另一些侧重于研究中间两者之间的关系，还有的侧重于研究后两者之间的关系，我们可以按照不同的侧重点和研究对象发生关系的先后顺序来进行综述。

3.按照主要的研究范式（paradigm）、学术流派（school）、研究方法（approach）或学术观点（view or perspective）

许多学科在发展过程中会出现不同的研究范式、学术流派，针对同一研究问题或研究对象也会形成较多的研究方法和学术观点。例如，产业组织理论研究就有新旧两种研究范式，新范式与传统范式在研究重点、研究方法、实证研究基础等方面都存在较大的差异。再如，服务管理研究存在北美和北欧两个主要的学术流派，两者在研究思路和研究方法上也有较大的差异。因此，我们在做文献综述时可以根据不同的范式、流派、研究方法或观点来梳理现有文献。例如，C. A. Lengnick-Hall 和 M. L. Lengnick-Hall 在综述战略人力资源管理研究文献时，就基于不同的研究视角把现有文献分为人力资源规划与评价、人力资源管理与战略匹配以及人力资源与组织结构契合三个方面。[②]Mintzberg 和 Lampel 在综述战略管理研究进展时把研究者及其成

① HANNAFEY F T. Entrepreneurship and ethics: a literature review ［J］. Journal of Business Ethics, 2003, 46（2）: 99-110.

② LENGNICK-HALL C A, LENGNICK-HALL M L. Strategic human resources management: a review of the literature and a proposed typology ［J］. Academy of Management Review, 1988, 13（3）: 454-470.

果分成10个学术流派分别进行述评。①

4.按照研究阶段（时期）

随着研究对象自身的演进、研究需要的变化以及研究方法的改进，同一研究领域在不同时期的研究思路和重点会出现较大的差异，按照研究阶段（时期）对文献分类并进行综述，可以帮助我们勾勒出文献综述所涉及领域不同发展阶段的清晰轮廓。例如，Ghemawat主要按照综述对象—企业竞争战略—被研究的时间顺序来回顾和综述这方面的已有文献。从竞争战略研究的早期文献到SCP框架，然后到战略定位，最后再到资源观和动态能力观，把竞争战略研究数十年的发展脉络梳理得一清二楚。②

5.其他结构安排

除了上述几种比较常见的结构安排外，还有一些文献综述类文章以主要人物、研究方法等为线索来进行综述。例如，Archibugi在对创新及技术变革经济学研究历史沿革进行综述时，专门对 Edwin Mansfield 和 Nathan Rosenberg 两位著名学者的研究成果、研究特色和学术贡献进行了述评。③Eisenhardt在综述代理理论时主要从理论研究和经验研究两个方面讨论了相关文献的贡献。④还有一些文献综述类文章同时采用以上提到的多种结构安排。

不管我们采用哪种结构，一个好的文献综述必须有明确的展开逻

---

① MINTZBERG H，LAMPEL J. Reflecting on the strategy process ［J］. Sloan Management Review，1998，40（3）：21-30.

② GHEMAWAT P. Competition and business strategy in historical perspective ［J］. Business History Review，2002，76（1）：37-74.

③ ARCHIBUGI D. The economics of innovation and technological change：two handbooks and two masters ［J］. International Review of Applied Economics，1997，11（2）：303-308.

④ EISENHARDT K M. Agency theory：an assessment and review ［J］. Academy of Management Review，1989，14（1）：57-74.

辑和顺序，应该清晰地告诉读者为什么采用这种或这些结构安排。而且，当我们率先提出一种或几种结构安排（其实质是分类）时，实际上已经在做某种程度的整合工作。更进一步，这些结构安排还可以被看作"因"，我们准备评论或在综述基础上提出的一些新观点可以被看作"果"，因果之间也必须有严密的逻辑关系。

（四）文献综述的写作步骤

在已经搜集好文献的前提下，可按以下步骤来撰写文献综述：

1.概览与归类

浏览已搜集文献的标题和摘要，对其内容做到心中大致有数，在此基础上按内容对文献进行大致的分类。

2.选择综述结构

如前所述，文献综述可以有不同的结构安排。在概览文献内容的基础上，根据对文献的分类情况，选择一种合适的结构。

3.填入文献内容

根据选定的文献综述结构，写出文献综述的整体框架，并把文献内容填入框架体系。

4.整理与评价

通过对填入的不同文献之间内容的比较，从逻辑关系、语言表述等方面对填入的文献内容进行整理，并以批判性的眼光来看待已有的文献内容，找出其不足之处。

5.导出研究问题

根据所指出的已有文献的不足，提出未来研究展望，并说明自己基于哪些因素的考虑，选择该学术论文选题来展开此项研究工作。

（五）文献综述写作常见问题

1.文献搜集不全，遗漏重要观点

由于文献资料搜集范围或方法不当，未能将有代表性的文献完全纳入文献综述的范围，忽视了其他重要的研究或理论，导致文献综述不够全面。或者仅仅根据自己的喜好选择文献进行综述，其结果便是不能系统、全面地把握该主题的研究现状，或片面理解他人研究结果，从而盲目地认为某问题或领域尚未被研究，使得自己的研究变成一种重复性的劳动。

2.文献阅读不深入，简单罗列，"综"而不"述"

撰写文献综述必须充分理解已有的研究观点，并用合理的逻辑（或是时间顺序，或是观点的内在逻辑等）将它们准确地表述出来。如果文献综述仅仅是将前人的观点罗列出来而未进行系统分类、归纳和提炼，那么内容就会十分杂乱，缺乏内在的逻辑。这样不利于厘清已有研究结果之间的关系，难以认清某问题研究的发展脉络、深入程度、存在的问题等。如果是"综"而不"述"，那么，即便是内容有一定的系统性，充其量也只是陈述了他人的观点，达不到通过分析、评说而发现和确立论文选题的目的。

3.个人观点在综述中占主体

文献综述主要是梳理该研究主题的研究现状及动态，厘清研究进展和困境，为论文的研究提供参考。有些学生在综述中对研究现状的梳理和介绍只是一笔带过，用大量的篇幅进行评述，进而提出自己的研究设想。然而，文献综述的重点在于"综"，即其主要部分应是对已有研究的客观阐释和分析；个人观点，即适当"述"，可以起到点睛式的评论或启示的作用，但不应是主体。综述提炼的观点必须以原始文献为依据；如果有不同的观点，可对原作者的观点进行评议，但论据必须充分。

4.避重就轻，故意突出论文研究的重要性

文献综述的目的是寻找论文研究的切入点和突破点。有些研究者在做完文献综述之后，为了完成论文便故意在综述中漏掉或弱化某些研究成果，或者放大已有研究的不足，以便突出自己研究的价值和意义。这样做的结果只能是重复研究，毫无创新。

5.文献引用不当

文献引用不当主要包括文献综述中文献引用数量过多或过少和引用格式不正确等问题。文献综述中引用的文献数量要么太多，导致内容杂乱和不集中；要么太少，无法提供充分的支持和衔接上下文，且过分依赖某一篇或几篇文献，导致文献综述的视角过于狭窄。引用格式不正确，或者没有正确引用文献，可能有抄袭的嫌疑。

第三节　理论框架与研究假设的提出

一、理论框架的确定

（一）理论框架概述

一个理论框架由概念定义、相关参考文献和现有理论的要素组成。理论框架应该清晰地展示对理论和概念的理解，并与研究主题和更广泛的知识领域相关联。

理论框架有助于研究的进行。它为研究提供了背景和理论支撑，为选择研究方法提供了借鉴和依据。通过理论框架，我们可以说服他人相信我们的研究。理论的运用旨在产生说服力，而定性或定量等方法只是加强说服力的手段。

（二）理论框架的作用

理论框架在研究中起着重要的作用，它为学术论文写作提供了一种研究背景，为学术研究提供了一种理论支撑，给所选择的研究方法提供了借鉴、帮助和依据等。也就是说，理论框架服务于研究问题。当我们展示出自己的研究问题时，比如 X 对 Y 的影响，其实是想说服别人相信"X 对 Y 有影响"，但一定会有人发问：为什么你研究的是 X 对 Y 有影响而不是 Y 对 X 有影响？为什么 X 与 Y 之间所谓的相关不是巧合虚假的？

要让他人相信你的研究，首先需要通过理论框架来说服他们。也就是说，理论的运用是为了产生说服力，而像定性或是定量都只是方法，起到的作用是加强说服力而不是产生说服力。一个研究，就是通过问题、理论、方法来从某一方面说服别人。在上述所有的环节中，理论的重要性就不言自明了。

因此，理论一定是研究问题涉及的理论，涉及了什么就写什么，涉及了理论的哪一部分就写哪一部分。后续的研究就需要根据理论框架进行具体化分析，因为你的研究是基于这些理论基础的，没有这些理论基础你的研究就无法成立。

（三）理论框架的构建

在构建理论框架时，应遵循以下三个步骤：

1.明确关键概念

在你的问题描述和研究问题中筛选出核心术语。鉴于一个概念可能拥有众多定义，你的理论框架应当对每一个术语的含义进行明确界定。

2.评估并阐释相关理论

通过综合性的文献回顾，你能够识别出其他研究者如何定义这些关键概念及它们之间是如何相互联系的。在撰写理论框架时，你需要对比并批判性地评价不同学者所采纳的方法论。在深入探讨了各种模型和理论后，你可以针对自己的研究构建一个精确定义的框架，并有足够的论据支持其合理性。你甚至可以融合不同领域的理论，以建立一个独特且完整的框架来更好地应对研究课题。请在文中简洁提及每一个与你的关键概念相关的重要理论。若有成熟理论或模型，而你在研究中没有应用，请解释其不适用于该研究的原因。

3.展示你的研究如何与现有研究相衔接

理论框架不仅需要总结和讨论现有理论，还应阐明你的项目如何借鉴这些观点并进一步发展它们。你可能会考虑执行以下一个或多个操作：检验某一理论在特定且未曾检验的背景下的适用性；借助现有理论作为解释研究结果的基础；对某一理论进行批判或质疑；以新颖或独特的方式融合不同理论。

总之，理论框架的主要来源是参考文献。它为研究问题提供理论上的解释，虽源自参考文献，但应超越文献本身。记住，理论构建绝不能凭个人主观臆断或创造，你需要明确指出所运用的理论来源，并基于这些理论建立研究变量间的关系，以验证研究假设。

（四）理论框架的结构

在学术论文中，理论框架有时会被整合到文献综述一章中，但也可以作为单独的一章或一节。如果你的研究涉及很多复杂的理论，最好是单独列入理论框架一章。构建理论框架没有固定的规则。重要的是要创建一个清晰的、有逻辑的结构。一种可行方法是以你的研究问题为基础，围绕一个问题或关键概念来构建每个部分。与论文的其他部分一样，请确保正确引用文献，以避免抄袭。

（五）构建理论框架的技巧

检查你研究的问题和论文标题。研究问题是整个研究的基础，有助于构建理论框架。综合考虑你研究中的关键变量，即头脑风暴一下你认为在研究中关键的变量是什么。回答这个问题，考虑哪些因素可能导致假设的效果。

细致审阅相关的过往文献，以寻找研究问题的答案。尽可能列出与研究相关的结构和变量。将这些变量分类，使其成为独立的和依赖的类别。请回顾一下你在课程阅读材料中介绍的主要社会科学理论，并选择那个最能解释你研究中关键变量之间关系的理论。

探讨一下这个理论的假设或命题，并指出它们与你的研究的相关性。确立理论框架是一个迭代过程，需要在文献追溯、研究设计和数据分析的不同阶段不断回顾和细化。记住，理论框架不仅仅是引用别人的理论，而是将这些理论应用到你的研究中，并解释它们如何帮助你回答研究的问题。

二、研究假设的提出

在社会科学的实证研究中，构思研究假设是至关重要的环节。要想提出科学严谨的研究假设，首先，要参与正在进行的学术对话，选择、介绍、阐述现有的核心理论/概念。其次，需要建立强有力的论证逻辑，且提出的研究假设是可以明确检验的。一般包括三个部分：第一，将研究假设与相关研究联系起来；第二，运用多个理论提升假设的严谨性；第三，有效地选择合适的变量。最后，应避免研究假设构建过程中的常见陷阱。

（一）参与正在进行的学术对话

科学研究犹如一段持续不断的对话，与从事相关领域或主题研究的学者形成建设性对话是理论发展的必要环节，这要求作者在现有研究与新研究之间保持微妙的平衡。然而，有两个常见的问题会对这种平衡造成破坏。

一个常见的问题是过度引用现有研究。在提出论点时，引用相关文献是很重要的。然而，理论部分不应该过度强调已有研究发现，以免出现"喧宾夺主"的嫌疑。例如，一篇研究采纳智能设备的文章大量引用："Davis（1989）……Venkatesh 和 Davis（2000）^①……Venkatesh、Zhang 和 Sykes（2011）^②……"这些引用只是告诉读者有哪些研究关注了信息技术的采纳，以及哪些因素对信息技术采纳有影响，但这并不构成智能设备采纳研究中假设的合理性与科学性的充分条件。

与过度引用相反，有些作者只关注新论点，忽略与现有研究的对话。任何一项研究都不是凭空出现的，盲目自信地强调新研究的创新性，并不会真的令读者心服口服。客观、公正、全面地对已有研究进行回顾与评价，向读者介绍现有的研究发现与趋势，才能更好地展现新研究的必要性与重要贡献。围绕引用问题，Sparrowe 和 Mayer（2011）提出了两条针对性的建议：一是不要停留在引用具体的研究发现，而是要关注经验研究背后的理论问题；二是在现有研究与新研究假设之间建立平衡的方法是从论点出发，进而组织已有研究中的观点。^③

参与现有学术对话是新研究在学术中"合法性"的来源之一，研究假设既要体现已有学术对话的重要观点，也不能忽视自身的逻辑性与严谨性。在论文写作过程中，大量阅读相关文献是基础（一个耗时但必要的阶段）。如果理论功底薄弱或文献选择过窄，理论与研究假设之间可能出现脱节或者不匹配的情况。

（二）建立强有力的论证逻辑

研究假设部分的目标是说服读者相信假设是严谨的与合理的。然而，想要说服读者并非易事，以下的几个方面可能会对论证过程的推

---

① VENKATESH V，DAVIS F D．A theoretical extension of the technology acceptance model：four longitudinal field studies ［J］．Management Science，2000，46（2）：186-204．

② VENKATESH V，ZHANG X J，SYKES T A．Doctors do too little technology：a longitudinal field study of an electronic healthcare system implementation ［J］．Information Systems Research，2011，22（3）：523-546．

③ SPARROWE R T，MAYER K J．Publishing in AMJ-Part 4：grounding hypotheses ［J］．Academy of Management Journal，2011，54（6）：1098-1102．

进与优化起到有益的指导作用。

1. 如何提出研究假设？

在实证主义取向的社会科学研究中，假设是"理论和数据之间的重要桥梁，解释如何操作变量和关系"（Sutton，1995）。更通俗地讲，假设指多个变量之间的关系。建立变量之间关系的方式有很多，以下是三种常见的做法。

（1）类推

类推，将假设与类似逻辑关系联系起来（这种逻辑关系是成熟理论/概念框架的核心原则或命题）。例如，一个研究假设建立在"团队成员参与合作行为以提高他们的地位"的观点。为了证实这一说法，作者可能借鉴 Tyler 和 Blader（2000）的"群体参与模型"。然而，仅仅引用群体参与模型是不够的。作者必须为读者提供情景化解释，让他/她理解为什么 X 能够预测 Y，而不必重新阅读原始文献。这种方式的核心是建立新研究中假设与现有理论之间的对应关系，如果假设中的一些要素与"群体参与模型"不一致，那么论证可能是无效的。

（2）例证

例证即提供充足的经验证据来支持研究假设。这里隐含的论点是，如果假设已被证明在类似的场景下发生，那么它也应该适用于当前的场景。然而，只有在有逻辑依据的情况下，经验证据才有说服力。与类推不同，例证的做法适用于新现象、新情景与新事件，直观生动的经验叙述能够增强论证的力度及有效性。

（3）叙事

叙事即通过提供描述"干预"或者"过程"角色的叙述，来说明假设的关系是如何发生的。例如，Seibert、Kraimer 和 Liden（2001）整合社会资本的职业利益的两个视角提出了新的模型。对相关理论中关键中介因素（信息获取，资源获取和职业赞助）的阐释，增强了"社会资本是职业利益产生的新方式"的论证力度。

构建研究假设应重视情景的作用。假设可用于一般情况，也可适用于特定场景，如行业或民族文化。若是特定情景，则需要明确边界条件，以便读者了解研究发现的适用范围。

2.如何运用多种理论提升假设的严谨性？

不同的理论是关于问题创新性理解的来源之一，这些理论可能来自同一领域，也可能来自不同的学科。无论何时，结合多理论的做法应清楚地解释为什么回答这个问题需要使用这些理论，以及如何准确地将这些理论结合起来。选择多个理论要求作者给出充分的理由，以避免使人产生"各种理论是为了证明不同的假设而刻意组合起来的"的误解。关于如何使用多理论结合进行假设论证，有几种可供选择的方式：

（1）理论竞争

通过提出相互竞争的假设使"一个理论对抗另一个理论"，最终由实证结果决定"赢家"。尽管这是一种广泛使用的方法，但作者必须谨慎使用，因为它可能会让读者困惑，为什么一个貌似合理的理论会胜过另一个同样貌似合理的理论——尤其是考虑到这两个理论在文献中都有大量的实证发现支持。

（2）理论边界

这种做法解释一种理论在什么时候以及为什么优先于另一种理论。一种有效的方法是解释每种理论的预测可能最适用的条件，并以经验验证这些预测。引入适当的调节因素，检验不同理论的解释力是该方法的常规流程。

（3）理论整合

第三种方法是在两种理论之间寻求更多的融合。这种整合需要对支撑每个理论的底层逻辑有透彻的理解，在提出假设之前，必须明确两者之间的关系。潜在的理论贡献取决于这种整合是否针对每个理论及其各自的文献提出了新的问题和新的见解。例如，Silverman

（1999）在对公司多元化的研究中整合了交易成本经济学和企业资源基础观的要素。

3.如何有效地选择合适的变量？

在理论与假设环节，一个合理的"要求"是解释为什么选择了一组特定的解释变量而不是其他变量。回应此问题的核心是为什么某些变量会被选择。一般而言，理论构建、概念框架或现有研究会给出选择特定变量的依据。例如，计划行动理论中的"信念"给信息技术采纳模型中的解释变量选择提供了依据，Davis（1989）结合"信念"与信息技术采纳的场景，提出了具有解释力的"感知易用"与"感知有用"两个与信念相关的变量。[①]考虑到实证主义研究发展累积性、互补性、渐进性的特点，刻意涵盖所有变量的做法既不现实，也不可取。

（三）常见陷阱

在研究假设提出的过程中，一些常见却容易被忽视的问题需要引起我们的注意与重视。其中有三个常见陷阱会削弱论证的力度。

1."泛泛而谈"陷阱

当一个人的论证逻辑来自一个更抽象或更普遍领域的理论时，就会出现"泛泛而谈"的情况。例如，社会交换理论（Blau，1964）从抽象角度为一个人的行为逻辑提供解释（如支持会带来回报），但它不能明确地为这种关系更具体的操作提供基础（如文明可以预测工作表现）。理论为假设提供的是"骨架"，而非所有。在提出假设的过程中，作者应对必要的细节进行描述，在理论与假设之间建立关联关系。

---

① DAVIS F D. Perceived usefulness，perceived ease of use，and user acceptance of information technology［J］. MIS Quarterly，1989，13（3）：319-340.

2.“支离破碎”陷阱

当作者试图用不同的理论支持不同的假设时，就有可能造成研究框架支离破碎。这种方法的动机可能是错误地认为理论越多越好。关于该问题的解决方式，应注意多个理论使用过程中的连贯性（见前文）。

3.“显而易见”陷阱

如果一个假设大费周章地陈述了一个显而易见的事实，尽管它很有可能是正确的，但它也很有可能是微不足道的（Davis，1971）。当我们试图论证某个观点时，应尽力避免“重复造轮子”的误区。研究问题的提出与假设的构建应结合现实与前沿研究的进展，避免“想当然”的思维误区，改善研究的质量。

总之，理论与假设是一篇论文的核心，而提出假设是发展有效理论的最重要任务之一。一个强有力的理论部分必须有效地利用现有研究，无论是理论性的还是经验性的，进而进行一个强有力的逻辑论证。参与正在进行的研究对话，使用恰当的方式提出自己的研究假设，保证研究假设的一致性，避免常见的陷阱，遵循这些原则和建议更有可能使我们的研究事半功倍。

第四节　研究设计的制定

一、研究设计的基本要求

在学术论文的写作中，设计研究过程和实施计划是非常关键的一环。一个清晰、合理的研究设计和实施计划可以有效地帮助研究者达到预期的研究目标，并确保研究的可靠性和可重复性。

首先，在设计研究过程时，研究者需要确保研究的科学性和可行性。这意味着要对研究所涉及的相关理论和方法进行充分的文献综述和理解，并选择合适的研究方法。研究过程的设计应该符合学科的要求，并能够回答研究问题或验证研究假设。

其次，实施计划需要详细说明研究者将如何执行研究过程和采集数据。在实施计划中，研究者需要准确定义研究的样本和样本分配方案，制订详细的数据采集计划并选择工具，描述数据分析的方法。

最后，实施计划还应包括研究所需的时间安排和预算。

在设计研究过程和实施计划时，研究者还应考虑到研究的相关伦理和法律问题。这包括确保研究的参与者的知情同意权和隐私权，遵守研究伦理委员会的规定，并尽可能避免对研究参与者造成伤害。

总而言之，设计研究过程和实施计划需要一定的专业知识和经验。研究者应该充分考虑研究目的和研究问题，并设计合适的研究过程和方法。通过科学合理的研究过程和实施计划，可以提高研究的可信度和有效性，并为学术论文的写作奠定坚实的基础。

二、研究设计中的注意事项

一篇文章回顾了过去一年被《管理学会杂志》(*Academy of Management Journal*，AMJ) 拒绝的文章，发现了三个广泛的设计问题，它们是被拒稿的常见原因：

第一，研究问题和研究设计之间不匹配；

第二，测量和操作问题（即结构有效性）；

第三，不适当或不完整的模型规范。[①]

---

① BONO J E, MCNAMARA G. From the editors: publishing in AMJ-Part 2: research design [J]. Academy of Management Journal, 2011, 54 (4): 657-660.

（一）研究问题与研究设计之间不匹配

1.横截面数据

横截面数据的使用是 AMJ 微观和宏观研究中常见的拒稿原因。拒稿并不是因为这些数据本身有缺陷，也不是因为审稿专家或编辑对这些数据有偏见。之所以会这样，是因为许多（也许是大多数）管理研究问题都是隐性地来处理"变化"的问题——即使没有这样的框架。横截面数据的问题是，它们与隐性或显性处理因果关系或变化的研究问题不匹配，对这些问题的有力测试要求对某个变量进行多次测量，或对随后与另一个变量相连的一个变量进行操作。例如，研究诸如组织领导力变化对公司投资模式的影响，CEO 或 TMT 股票期权对公司行为的影响，或行业结构变化对行为的影响等问题，都隐含着因果关系和变化。同样，当研究人员假设管理行为会影响员工的动机，人力资源管理实践会减少离职率，或者性别刻板观念会限制女性管理者的晋升时，他们也在潜在地测试变化，因此无法使用横截面数据进行充分的测试，无论这些数据是否来自现有数据库或通过员工调查搜集的数据库。研究人员根本无法用横截面数据建立强有力的因果关系，也无法分析变化，无论他们使用何种分析工具。相反，需要纵向、面板或实验数据来推断变化或建立强有力的因果推论。例如，Nyberg 等（2010）创建了一组数据，并使用固定效应回归针对 CEO-股东财务一致性（alignment）对未来股东回报的影响程度进行建模。这种数据结构允许研究人员控制跨公司异质性，并适当地模拟公司内部一致性的变化如何影响股东回报。

我们的观点不是贬低横截面数据的潜在有用性。相反，我们指出了认真做好研究设计和研究问题匹配的重要性，这样一个研究或一组研究就能够胜任测试感兴趣的问题。研究者应该在设计阶段问自己，他们的基本问题是否可以用他们选择的设计来回答。如果问题涉及变量之间的变化或因果关系（任何中介研究都意味着因果关系），那么横截面数据是一个糟糕的选择。

2.不适当的样本和程序

许多组织研究，包括发表在 AMJ 上的研究，都使用方便的样本、模拟的业务情况或人工任务。从设计的角度来看，问题是样本和程序是否适合所研究的问题。要求工作经验有限的学生参加他们作出执行决定的实验研究，可能不是检验性别刻板观念对男女管理者反应影响的适当方法。但是，让这些学生参加一个基于情境的实验，在这个实验中，他们选择了他们希望为之工作的经理，这可能是一个很好的样本和研究问题之间契合的安排。举例来说，关于研究问题与样本匹配的概念，是一项关于基于权益的薪酬评估的研究，其中，Devers、Wiseman 和 Holmes（2007）使用了一个正在读 MBA 的企业高管样本，几乎所有人都有权变薪酬的经验。在选择一个样本时，同样也要注意在匹配程序中进行，以研究问题。如果一项研究涉及一个展开的场景，其中一名被试在一段时间内作出一系列决定，对这些决定的反馈作出反应，那么随着时间的推移，通过搜集数据，而不是在一个 45 分钟的实验室会议中包含一系列决定和反馈点，研究人员才会事半功倍。

我们的观点并不是说某些样本（如高管或学生）或程序天生就比其他样本好。事实上，在 AMJ，我们明确鼓励实验研究，因为这是解决因果关系问题的一个极好的方法，而且我们认识到，重要的问题，特别是那些涉及心理过程的问题，往往可以同等地被大学生或组织员工很好地回答（见 AMJ 2008 年 8 月的编者按，第 51 卷：616-620）。我们会问作者，他们的研究是在实验室还是在现场进行的，他们的样本和程序与他们的研究问题是否匹配，并在作品中清楚地说明为什么这些样本或程序是适当的。

（二）测量和操作问题

研究人员一旦开始构建，往往会想到有效性，但这时可能为时已晚。在作出操作决策之前，开发新构念的作者必须清楚地阐明新构念的定义和边界，映射其与现有构念的关联，避免假设具有相同名称的量表反映同一个构念，而具有不同名称的量表反映不同的构念，即形似实异的谬误（jingle-jangle）（Block，1995）。未能定义核心构念常常导致文章中构念的不一致。例如，在撰写一篇论文时，作者可能最初只关注一个构念，如组织合法性，但后来会根据不同但相关的构念（如声誉或地位）进行讨论。在这种情况下，外审专家无法清楚地理解预期的构念或其理论意义。尽管发展理论并不是研究设计的一个特定组成部分，但手稿的读者和审稿人应该能够清楚地理解一个构念的概念意义，并看到它被适当测量的证据。

1.对现有测量方法的不当调整

对于搜集实地数据的研究人员来说，一个关键的挑战是让组织和管理人员配合，调查长度常常是一个值得关注的问题。缩短调查长度的一个简单方法是消除项目。然而，当研究人员从现有的量表中挑选项目（或者重写它们以更好地反映其独特的背景）而没有提供有效性的支持证据时，就会出现问题。有几种方法可以解决这个问题。

首先，如果一篇文章包括新的（或实质性改变的）措施，所有题项都应该包括在文章中，通常是在附录中。这有利于审稿人检查新方法的直观有效性。

其次，作者可以在一个子样本或完全不同的样本中包含这两个测量方案（原始的和缩短的版本），以证明它们之间的高收敛有效性。更好的方法是在法理上包含其他几个关键变量，以证明新的或改变的测量方法与其他相似和不同的构念相关。

2.现有测量方法的不当运用

另一种向评审者发出危险信号的方法是使用现有的测量方法来评估完全不同的构念。我们看到这个问题尤其发生在大型数据库的用户中。例如，如果先前的研究采取了一个行动，如改变形式（如由一家餐厅）作为战略改变的衡量标准，而其后的一篇论文使用了同样的行动（改变形式）作为组织搜索的衡量标准；那么我们对作者衡量其预期构念就很没有信心。鉴于研究过程的累积性和渐进性，作者必须确定其新构念的唯一性、与现有构念的关系以及其可操作化的有效性。

3.共同方法偏差

我们看到许多被拒绝的AMJ文章，其中的数据不仅是横截面的，而且还通过一种共同方法进行评估（如一项调查将由一个人完成多个预测和标准变量）。共同方法偏差对观测相关性的解释构成严重威胁，因为这种相关性可能是由于测量方法（包括评分者效应、项目效应或背景效应）引起的系统错误偏差的结果。Podsakoff等（2003）详细讨论了共同方法偏差，并提出了减少其偏差效应的方法（另见Conway and Lance，2010）。

AMJ文章中关键变量的测量和操作问题的含义远远超出了心理测量学。在概念层面上，对关键变量的草率和不精确的定义及操作威胁着从研究中得出的推论。如果底层结构的性质和度量没有很好地建立起来，读者对作者实际上测试其所提出的模型几乎没有信心，而理性的外审可以为结果找到多个合理的解释。作为一个实际问题，不精确的操作定义和概念定义也使得难以定量地汇总研究结果（即进行元分析）。

（三）不适当或不完整的模型规范

制定一个理论模型的挑战之一，是实际上不可能包括每一个可能的控制变量和中介过程，因为使用的数据库中可能不存在相关变量，或者因为组织限制了调查的长度。然而，在设计阶段对关键控制变量和中介过程的细致处理可以在审稿过程中提供可观的回报。

1.适当包含控制变量

适当数量的控制变量可以让研究人员从他们的研究中得出更明确的结论。研究可能会在控制变量太少或太多的情况下出错。控制变量应满足纳入研究的三个条件（Becker，2005；James，1980）。

第一，由于明确的理论联系或先前的实证研究，人们强烈期望变量与因变量相关。

第二，有一个强烈的期望，即控制变量与假设的自变量相关。

第三，有一个逻辑上的原因，即控制变量在研究中不是一个更为中心的变量，无论是假设的还是中介的。如果一个符合这三个条件的变量被排除在研究之外，结果可能会有遗漏的偏差。然而，如果包含的控制变量不符合这三个条件，它们可能会包含过多自由度或偏向假设变量的相关结果（增加Ⅰ型或Ⅱ型错误），从而妨碍研究（Becker，2005）。因此，研究人员应该仔细考虑他们包括的控制变量，确保包括适当的控制变量，但排除多余的控制变量。

2.操作性中介

AMJ中的文章的一个独有特点是，它们被期望测试、构建或采用扩展理论，这种期望一般通过采取解释为什么一组变量是相关的形式来满足。但光靠理论是不够的，还必须对中介过程进行经验检验。模型中何时应该包含中介（以及哪些中介）的问题需要在设计阶段解决。当一个研究领域是新的，重点可能是建立两个变量之间的因果关系。但是，一旦建立了联系，研究人员就必须清楚地描述和衡量变量A影响变量B的过程。随着研究领域的成熟，可能需要包括多个中介。例如，变革型领导文献的一个优点是研究了许多中介过程（如LMX（Kark，Shamir，and Chen，2003；Pillai，Schriesheim，and Williams，1999；Wang et al.，2005）），但这一系列文献的一个弱点是，大多数中介变量，即使它们在概念上相互关联，但都是被单独研究的。通常，每一个都被视为管理行为影响员工态度和行为的独特过程，而其他已知的中介因素则不被考虑。如果不能评估已知的和概念上相关的中介，作者就很难说服外审他们的观点是新颖的。

总之，尽管研究方法随着时间的推移而不断发展，但好的研究设计的基本原则几乎没有什么变化：将你的设计与你的问题相匹配，将构念的定义与操作相匹配，仔细构建你的模型，使用具备构念有效性的测量方法或提供此类证据，选择适合你独特研究问题的样本和程序。AMJ投稿的设计问题被否定的核心原因不是它们是经过良好设计的研究后在执行过程中遇到了问题（尽管这无疑会发生），而是研究人员在设计阶段作出了太多妥协。无论研究者是依赖现有的数据库，在组织中积极搜集数据，还是进行实验研究，妥协都是研究过程中的现实问题。挑战是不要妥协太多（Kulka，1981）。

研究设计的实用方法首先假设大多数单一的研究设计在某种程度上（在有效性方面）存在缺陷。因此，对于一个强大的研究设计来说，最好的方法可能不是消除对有效性的威胁（尽管在设计过程中它们肯定可以减少），而是进行一系列的研究。一系列研究中的每一项都有其自身的缺陷，但这些研究结合起来，可能比任何单独的研究都能提供更强的推论和更具概括性的结果。在我们看来，多个研究和多个样本设计在组织科学和AMJ投稿中的采用率极低。我们鼓励研究人员考虑使用多个研究或样本，每一个都解决了另一个的缺陷。这可以通过将实地研究与实验室实验相结合（Grant and Berry，2011），或者通过测试多个行业数据集来评估研究结果的稳健性（Beck et al.，2008）。正如AMJ的"投稿须知"中所指出的，包含多个研究的、即使超过40页（指导性篇幅）的文章也是可以接受的。

提交给AMJ的稿件中，有很大一部分要么从未送审，要么在评审过程中由于设计的缺陷而表现不佳（即所有三位外审专家都建议退稿），当然这并不意味着AMJ刊登的文章都是完美的。研究者的设计有时不能完全回答其潜在的问题，有时使用的是未经验证的量表，有时模型存在错误。在每一项研究中排除所有可能的有效性威胁几乎不可能，如此的话实证研究可能永远无法开展（Kulka，1981）。但是，在研究工作的设计阶段诚实地评估对有效性的威胁，并采取措施通过改进单个研究或进行多个研究来最小化这些威胁，将大大提高最终取得积极结果的可能性。

第五节　研究结果的呈现

一、呈现定量研究的结果

（一）主要内容

在定量研究中，呈现研究结果主要就是将调查数据的统计分析结果清晰地表述出来。这是整篇论文的关键，研究成败由此判断，后续的讨论和结论均以此为依据。对研究结果的呈现，其顺序、层次要符合思维规律，顺理成章。而具体的内容会因研究领域的不同而有所差异。以组织行为学领域的定量研究为例，在研究结果部分主要包括对问卷调查数据进行信效度检验以及对研究设计部分所提出的研究假设进行检验。其中，信度和效度分析主要是为了保证问卷具有较高的可靠性和有效性。信度主要用于测验结果的一致性、稳定性及可靠性，一般多以内部一致性系数来检验问卷数据信度的高低，也可进行分半信度、重测信度等的检验。信度系数愈高，表示该测验的结果愈一致、稳定与可靠。信度只受随机误差的影响，随机误差越大，信度越低。因此，信度可以视为测试结果受随机误差影响的程度，系统误差产生恒定效应，不影响信度。效度即问卷调查的有效性程度，是指测量工具或手段能够准确测出所需测量事物的程度，或者简单地说是指一个测验的准确性、有用性。一般进行结构效度和区分效度的检验。结构效度是指一个测验实际测到的理论结构和特质的程度，或者说它是指测验分数能够说明某种结构或特质的程度。区分效度指在应用不同方法测量不同构念时，所观测到的数值之间应该能够加以区分。通常进行探索性因子分析和验证性因子分析来检验结构效度，运用结构方程模型或验证性因子分析来检验区分效度。

在对问卷数据进行信度和效度分析，确保数据可靠和有效之后，便可进行假设检验了。假设检验的具体内容则与在研究设计部分所提出的假设有关。在通常情况下，需要进行主效应、中介效应、调节效应的检验。而在更复杂的研究中，还需要进行有调节的中介效应和有中介的调节效应的检验，有的还涉及跨层检验。

（二）绘制图表

在定量研究中，有效地运用图表，往往能增强表达效果，更好地呈现研究结果。在组织行为学领域的定量研究学术论文中，一般都需要运用统计软件对调查数据进行统计分析，比如描述性统计分析、相关分析、回归分析、方差分析、因素分析、结构方程模型分析等，从而得到相应的结果。其中，描述性统计分析主要对所搜集的资料进行整理、分类和简化，描述数据的全貌，以表明研究对象的某些特征。描述性统计包括数据的初步整理，数据集中趋势和离散趋势的度量等方面，其目的在于使杂乱无章的数据更清晰直观地显示研究对象的特征，以利于进一步分析。相关分析研究现象之间是否存在某种依存关系，并对具有依存关系的现象探讨其相关方向以及相关程度。回归分析则要分析现象之间相关的具体形式，确定其因果关系，并用数学模型来表现其具体关系。方差分析则从观测变量的方差入手，研究诸多控制变量中哪些变量是对观测变量有显著影响的变量。因素分析是将错综复杂的实测变量归结为少数几个因子的多元统计分析方法，其目的是揭示变量之间的内在关联性，简化数据维数，便于发现规律或本质。因素分析又包括探索性因素分析和验证性因素分析两种。结构方程模型分析是一种融合了因素分析和路径分析的多元统计技术，是一种建立、估计和检验因果关系模型的方法。结构方程模型分析能同时处理多个因变量，并可比较及评价不同的理论模型。模型中既包含有可观测的显在变量，也可能包含无法直接观测的潜在变量。结构方程模型可以替代多重回归、通径分析、因子分析、协方差分析等方法，清晰分析单项指标对总体的作用和单项指标间的相互关系。

而图形和表格的恰当运用能够更直观地呈现上述数据统计分析的

结果，从而帮助读者更好地理解论文内容。因此，只要能达到说明效果，图表应多多益善。呈现定量研究结果的第一步就是运用图表把数据分析的结果记录下来。其中，统计表是将数据的统计结果以纵横交叉线条所绘制的表格来呈现的一种形式，在组织行为学领域通常使用的表格形式为三线表。统计图是利用几何图形或其他图形等把数据的特征、结构、相互关系和比对情况呈现出来的一种形式。但是，统计软件输出的图表通常不符合学术论文的要求，需要研究者参考本专业核心期刊论文中的类似表格的数据呈现方式进行修改。同时，图表要合理地组织，避免简单、杂乱地堆凑。图表内的文字应力求简洁，并注明度量衡单位。组织行为学中定量研究常用图表的格式。

（三）撰写文字稿

图形和表格能够把数据统计结果直观地呈现出来，但只有图表则会显得生硬。因此，图表之前应有引出图表的语句，图表之后应有对图表的解释说明语句。其中，对图表所呈现数据的解释说明需要遵循客观性原则和整体性原则，即解释必须客观、真实，解释时必须综合考虑、全面思考。同时，解释说明语句只需将研究结果阐述清楚，无须进行深入的分析讨论，这是后续"讨论"部分的工作。此外，在结果呈现部分，还需要将研究结果与前文所提出的研究假设进行比较，看是否支持研究假设。

二、呈现定性研究的结果

（一）撰写读书笔记

在呈现定性研究结果时，必然需要运用一些理论、学说来解释自己论题中的事实与现象，并通过逻辑归纳与推理的方式得出研究结论。因此，在研究期间，广泛阅读相关图书、期刊论文时，对于重要的理论、学说及其内涵，要以笔记形式详细记载下来，并以参考文献格式记载文献出处，以备正式写作时参考引用。笔记是读书心得的记载，包括抄录和旁注两个层次。抄录即将原作的相关内容一字不差地抄写到笔记本上。旁注记录的则是自己阅读时的感想与意见，应以自己能区分的方式记录在抄录内容附近。此外，也可将阅读到的有价值的资料以纸质复印件或数码扫描件的形式保存下来。但需要对复印件或扫描件做一定的编号处理，以方便将来查阅。

在进入正式写作工作时，读书笔记就成为最重要的凭借。朱浤源指出，把笔记与资料进行清晰分类甚至编号，作为参考资料，并先于论文完成，是有效撰写研究成果的不二法门。前期所整理的笔记，经过大脑的消化思索过程，才能变成条理清楚而有创见的论文报告。而且，初稿写作过程中，也常会突然间文思泉涌，这时可放心发挥，随时补充新灵感，充实正文内容。[①]

（二）掌握基本的论述方法

定性研究通常需要针对某个具体的论题，归纳其现状，找出存在的问题，并提出解决问题的方案。因此，论述的主要原则，就是要归纳总结并评价现状，然后提出改进现状的方案。具体的论述方法主要有归纳法、比较法、例举法等。

1. 归纳法

这是一种由个别到一般的论证方法。它通过对多个事例或分论点进行分析，然后归纳出它们所共有的特性，从而得出一个一般性的结论。比如，徐世勇等（2014）[②]选取某地区一家经历了当地3次大罢工的日本独资制造企业为对象进行回溯性案例研究，对亲历3次罢工事件的地方党委、地方政府、地方总工会、企业工会、资方负责人和工人代表进行了半结构化访谈，并通过文档资料分析对访谈结果进行补充和验证，提出了一个中国工人罢工的四方层级（四方主体、3个

① 朱浤源. 撰写博硕士论文实战手册 [M]. 台北：正中书局，1999：217-219.

② 徐世勇，HUANG X Y，张丽华，等. 中国工人罢工的四方层级解决机制：基于案例研究的一种新诠释 [J]. 管理世界，2014（4）：60-70.

层级）解决机制。其中，第一层为地方党委，第二层为地方工会和地方政府，这两层实际上是党委领导下的独立一方。在这一方中，由于存在委托代理关系，三者之间存在一些博弈关系，但其根本利益与目标是一致的。第三层包括企业工会、工人和企业管理层三方。

2.比较法

作为自然科学或社会科学的一种研究方法，比较法通过观察、分析，找出研究对象的相同点和不同点。比如，张向鸿（2014）①在研究中国党政领导干部选拔任用制度时，对选任制、委任制、考试制和聘任制等四种官员选拔任用制度进行了比较，认为四种选拔方式各有自己不同的功能和价值取向。同时，四种选拔方式在选拔主体、适用范围、选拔方式、主客关系等方面都有重合、有错位，四者的功能有并列互补，也有重复交叉。这也为从整体性、系统性、协同性的角度，对这四种类型依据不同职能进行优化整合留下了空间。

3.例举法

这是通过列举一些具体的例子来论证自己观点的一种研究方法，具体又可分为文献例举和实例例举。比如，杨付、王桢和张丽华（2012）②在阐述领导成员交换理论（LMX理论）视角下"圈内人"和"圈外人"在组织中会产生不同后果这一观点时，即采用了文献举证法。他们指出，LMX理论不仅发现了"圈内人"和"圈外人"在组织中是普遍存在的，而且研究了"圈内人"和"圈外人"在组织中会产生不同后果。相对"圈外人"而言，"圈内人"更容易获得更多的信息和资源（Dienesch and Liden，1986）、更多的晋升机会（Law et al.，2000）、更多的授权（DeConinck，2011）、更高的工作绩效（Gerstner and Day，1997）、更好的绩效评价结果（Graen et al.，

---

① 张向鸿. 中国党政领导干部选拔任用制度研究 [D]. 北京：中共中央党校，2014.

② 杨付，王桢，张丽华. 员工职业发展过程中的"边界困境"：是机制的原因，还是人的原因？[J]. 管理世界，2012（11）：89-109.

1982），"圈内人"具有较高的组织公民行为（Ilies et al., 2007）和较低的离职倾向（Graen et al., 1982），"圈内人"与其领导者之间会有更多的相互信任、尊重和忠诚（Uhl-Bien et al., 2000）。

第六节　讨论与结论的写法

一、如何展开讨论

　　讨论主要是运用某些原理或理论进行逻辑推理，并结合已有研究成果，对自己论文的研究结果进行解释说明，指出自己论文的理论贡献。在讨论部分，对主要研究结果要逐项进行探讨、作出判断分析。这是由表及里、由此及彼，从现象到规律，从感性到理性的提炼升华过程。讨论时，分析、推理、判断要注意逻辑性和科学严谨性，绝不允许出现科学概念上的错误。评价、比较已有研究成果时应实事求是，不要轻率地全盘否定。如要谈及已有研究的不足之处，用词应委婉。同时，讨论时应注意观点与材料的统一，用明确的观点来统率素材。

（一）对研究假设的支持情况进行分析

　　在组织行为学领域的定量研究中，由于需要提出研究假设，并在研究结果部分指出研究假设是否得到实证结果的支持，因此在讨论部分，对研究结果的解释说明具体表现为解释研究假设得到支持或者未得到支持的原因。比如，杨付、王桢和张丽华（2012）[①]在对领导成员交换与边界困境的关系进行讨论时，则运用领导成员交换理论对假

---

　　① 杨付，王桢，张丽华. 员工职业发展过程中的"边界困境"：是机制的原因，还是人的原因？[J]. 管理世界，2012（11）：89–109.

设1和假设2得到支持的原因进行了分析。他们在文中的具体论述如下:

本研究提出的假设1和假设2都获得了统计支持,分别描述了领导成员交换与员工职业成功、领导成员交换与员工内部机会主义之间的关系。假设1表明,领导成员交换质量越高,上下级关系越好,员工就越容易获得职业成功。领导成员交换理论认为,由于时间和精力有限,领导不可能对所有员工采取一视同仁的对待方式。相反,领导在工作中会采取不同的管理方式差别对待不同的员工,并与之建立起不同类型的交换关系(Linden and Maslyn,1998)。当员工与领导建立了高质量交换关系时,领导会投入更多的时间和精力为他们配置更多的组织稀缺资源,给他们更多的晋升机会、更好的工作安排以及更多的工作报酬,激发他们的工作潜力,从而直接或间接促进员工职业成功(Gerstner and Day,1997)。而当员工与领导建立了低质量交换关系时,由于无法从领导那里获得职业辅导和职业帮助,降低了员工职业满意度,从而阻碍了员工职业发展。

假设2表明,领导成员交换与员工内部机会主义呈现正U形非线性相关关系,即适度的领导成员交换会降低员工内部机会主义,而一旦领导成员交换水平超出一个特定的点,则员工内部机会主义又会增加。从这点来说,领导成员交换可能存在"阴暗面",过度的领导成员交换可能并不总能带来好的效果。尽管员工竭力主动与领导相互发展成"圈内人"的初衷可能是想从领导那里获得一定的权利和利益,但是其实施的效果却并不是总与员工的初衷相一致。当领导成员交换程度从低度发展到适度时,增强了领导与员工之间的人际互动能力,促使领导对员工产生好感,从而使员工有机会获得更多的职业发展利益(Wei,Chiang,and Wu,2012)。相反,过度的领导成员交换,可能导致过度信任,使得领导不情愿对员工进行严格的监督和控制,增加了员工内部机会主义识别和监控困难,从而为员工实施内部机会主义行为提供了更广阔的可行性空间。根据以上讨论,综合假设1和假设2的研究结论,我们提出,在员工职业发展过程中,必须考虑领导成员交换的负面影响，领导成员交换需要适度，虽然领导成员交换有助于促进员工职业成功，但是过度的领导成员交换，可能导致过度信任，提高了员工实施内部机会主义的可能性。

与解释研究假设得到支持的原因相比，解释研究假设未得到支持的原因往往更难，也容易受到忽视。在这方面，Tsui 和 Tripoli（1997）①在其发表于《美国管理学会学报》中的一文中，给我们做了一个很好的示范。Tsui 和 Tripoli（1997）在文中的具体论述如下：

我们假设在准交易契约型员工-组织关系中，基本工作绩效水平最高，但研究结果并非如此。我们认为可能有以下几个解释：首先，是因为在我们选取的样本中，使用这种雇佣关系的企业为数甚少。因为按照定义，准交易契约型模式类似于企业与承包商的关系，承接的工作任务一般比较明确，而且工作绩效考核标准也十分明确。但本研究的取样没有选取真正的承包商，这在一定程度上削弱了本研究成果的效度。另外一个原因，就是一般员工都希望与企业或雇主形成长期雇佣关系，但在准交易契约型员工-组织关系模式中，这种长期性关系很明显是不可能实现的。如果这个假设成立，目前存在的员工对雇主的反应就不令人意外了。再有一种可能就是，提供互相投资型关系的雇主对员工更有吸引力，因而会选择到绩效水平较高的员工。由于样本限制，我们无法解释为什么在这次研究中准交易契约型关系没有表现出最高的员工绩效水平。要验证前面那些解释是否可信，需要在以后的研究中更广泛地进行取样，引入各种不同类型的员工进行调查。

---

① TSUI A S，TRIPOLI A M．Alternative approaches to the employee-organization relationship: does investment in employees pay off? [J]．Academy of Management Journal，1997，40（5）：1089-1121．

（二）指出论文的理论贡献

在讨论部分，还应对自己论文的研究发现进行解释说明，进而指出论文的理论贡献。有许多研究者忽略这项讨论。他们通常会停在创见的出现上而沾沾自喜。我们固然欣喜于创造性发现，但不能过于自信，也不应毫无自觉（自我检视）地立即向外宣布。先缓一缓，回头找出原因来，使自己的创造性发现首先接受自己的检视与考验。[①]同时，对论文研究发现的自我评价应实事求是、含蓄和留有余地，不宜出现"首次发现""首次提出""国内领先"等不应在学术论文中出现的词语。从论述策略上来讲，可以结合以往的研究成果对自己论文的研究发现进行解释说明，也可以运用相关理论进行推理来对研究发现进行解释说明。比如，杨付和张丽华（2012）[②]在其论文中对"团队沟通与团队成员创新行为呈现先增强后减弱的倒 U 形非线性相关关系"这一研究发现进行解释说明时，采用了以相关理论进行推理并结合以往的研究成果进行论述的策略，其具体论述如下：

尽管以往大多数研究发现，沟通是激发个体心理和行为的重要工作情境因素（Johlke et al., 2000；Postmes et al., 2001；Apker et al., 2009），对于员工创新行为有积极作用（Mayfield and Mayfield, 2004），但以往的研究多集中在个体层面，在团队水平上探讨团队沟通如何影响员工创新行为相对较少。西方学者越来越多地开始关注团队沟通与员工创新行为的关系，但其研究结果存在矛盾。例如，White（1992）的研究认为团队沟通能够促进员工创新，但是根据 Kratzer 等（2004）的研究，适当程度的团队沟通之工作情境是必需的，而过高或过低程度的团队沟通之工作情境对员工创新有消极和负面影响。研究结果不一致的可能原因是，团队沟通与员工创新行为之

---

① 朱泓源. 撰写博硕士论文实战手册 [M]. 台北：正中书局，1999：236.

② 杨付，张丽华. 团队沟通、工作不安全氛围对创新行为的影响：创造力自我效能感的调节作用 [J]. 心理学报，2012，44（10）：1383-1401.

间的关系是非线性的，即团队沟通的增加会促进员工创新行为，但达到一定程度后反而会降低员工创新行为。相关研究也支持类似研究（Fleming and Koppelman，1996；Amabile and Conti，1999）。本研究在团队层面上发现团队沟通对团队成员创新行为存在倒 U 形影响，即在中等程度团队沟通水平下，员工的创新行为水平最高。这是本研究的第一个理论贡献。

　　员工在怎样的团队沟通之工作情境下创新行为水平最高？根据 Rogers 等（1981）的沟通汇聚模式（Communication Convergence Model），强调由信息共享而形成的团队成员之间对称关系是一种理想沟通，团队成员通过信息、思想、情感的分享和交流，增加彼此之间的理解和信任，实现知识的提升，达成共同的兴趣或关注。事实上，团队沟通水平越高，团队成员越积极地分享自己的信息和知识，此时，如果被信任方不按预期行动，很容易导致信任方关键知识的泄露，打破团队成员之间沟通的对称关系，从而团队成员对分享信息和知识过分担忧，不敢承担创新活动的风险，表现出较少的创新行为。因而，团队沟通不一定总会产生积极的作用。从本研究的结果来看，当员工所知觉的团队沟通水平存在一定的沟通限制，但又不至于限制过大时，员工的创新行为水平最高。通常，团队沟通使得团队成员各方更加主动、自愿地与其他团队成员分享专业知识和工作信息，协作完成工作。然而，沟通程度并不是越高越好，现实中存在一个最优沟通水平，一旦超过这一水平，会导致时间，甚至成本增加，从而抑制员工的创新行为，表明现实中的团队成员应保持适度沟通，这对先前文献普遍持有的观点"沟通总具有积极作用"提出了挑战，揭示了团队沟通具有"阴暗面"，丰富了现有研究对团队沟通本质及其作用的认识。

　　在具体撰写讨论部分时，一般是先写长篇初稿，再作删减浓缩，压缩或删除一些众所周知的议论，突出自己的创见、贡献与心得，并引导读者思考自己论文的研究结果，判断论文推理和论断的正确性。

二、怎样做结论

对于学术论文来说，结论是整篇论文的结局，而不是某一局部问题或分问题的结论，也不是正文中各章小结的简单重复。它应当体现作者更深层次的认识，是作者从全篇论文的全部材料出发，经过前述讨论部分的推理、判断、归纳等逻辑分析过程而得到的新的学术总观点、总见解。通过阅读论文的结论，应当有助于读者加深对论文中心论点的理解与认识。因此，撰写研究结论时不要简单罗列成果，要突出通过研究所得到的创新性的结论。同时，未经充分证明的设想、推测和见解不能列为结论（不应出现"可能是""似乎是"等字眼），如无扎实的结论不要勉强杜撰凑数。注意不要漏过任何一条真正的结论。研究中如发现否定性的、负面的结果，通常也可能是重要结论。最后，结论应当精炼、准确、严谨，不应包含不属于结论的词句。

从具体内容上来看，结论最主要的，仍是叙述研究发现，尤其最主要发现，以及它的意涵。比如，徐世勇等（2014）[①]在其论文中这样阐述其研究结论：

本研究可以得出如下几个初步结论：

第一，地方党委在工人罢工处理机制中具有极其重要而独特的作用，她的作用既不同于政府也不同于工会。随着相关法律健全和工会力量的增强，地方党委的直接领导作用在逐步淡出，但她在幕后的指导作用从未削弱过。

第二，由于地方党委的重视，随着时间推移，地方工会的政治力量和专业能力在不断增强，这使得她能够通过协调劳资关系更加高效地为工人争取合法权益。工会所领导的工资集体谈判的积极作用正在日益凸显。

---

① 徐世勇，HUANG X Y，张丽华，等. 中国工人罢工的四方层级解决机制：基于案例研究的一种新诠释［J］. 管理世界，2014（4）：60-70.

第三，地方政府自身的目标与党委和工会存在一些冲突，这会导致他们对工人罢工的态度和行为与地方党委与工会并不完全相同。不过，由于党委与政府和工会之间的委托代理关系，地方政府与地方工会之间不存在根本冲突。

孙彦玲、杨付和张丽华（2012）[1]在其论文中这样阐述其研究结论：

本研究以个体-情境互动理论为基础，检验了创造力自我效能感和工作单位结构对员工创新行为的影响。研究结果验证了创造力自我效能感通过知识共享的完全中介效应影响员工创新行为，在理论上澄清了创造力自我效能感影响员工创新行为的内在作用机制，发现了知识共享的完全中介作用。同时，研究发现，工作单位结构在创造力自我效能感与员工知识共享、创新行为间起着调节作用：相对机械式结构而言，在有机式结构中，高创造力自我效能感的员工在工作中会表现出更多的知识共享和创新行为。

同时，在结论部分，对于当时为何要做这个研究，以及研究范围、研究动机可以再大概说明一下，以凸显它的意义。[2]比如，杨付和张丽华（2012a）[3]在其论文的结论部分即再次阐述了论文的研究目的，其具体论述如下：

本研究的目的正是针对我国企业普遍出现的现实问题：投入大量支持创新的"硬环境"，却忽视了支持创新的"软环境"，从而导致组织管理者期望的"全员创新热潮"迟迟没有到来，考察团队成员认

① 孙彦玲，杨付，张丽华. 创造力自我效能感与员工创新行为的关系：一个跨层分析 [J]. 经济管理，2012（11）：84-92.

② 朱浤源. 撰写博硕士论文实战手册 [M]. 台北：正中书局，1999：252.

③ 杨付，张丽华. 团队成员认知风格对创新行为的影响：团队心理安全感和工作单位结构的调节作用 [J]. 南开管理评论，2012，15（5）：13-25.

知风格对创新行为的影响机制，具体考察团队心理安全感和工作单位结构在团队成员认知风格对创新行为影响过程中的调节作用，以及推进现有对团队成员认知风格的理解和认识。一方面，这是与国外前沿理论关于团队成员认知风格研究接轨的过程，研究为理解多层次创新过程提供了经验证据，拓展了在中国文化背景下对团队成员认知风格与创新行为关系的认识；另一方面，也能为我国员工创新管理实践提供一定的实践价值。

杨付和张丽华（2012b）[1]在其另一篇论文的结论中则再次提及了研究动机，其具体论述如下：

团队沟通、工作不安全氛围究竟是员工创新行为的动力还是阻力？本研究对此进行了探索，并探讨个体差异变量创造力自我效能感在其中的调节作用。研究结果表明：团队沟通、工作不安全氛围都对团队成员创新行为有倒U形的影响；创造力自我效能感调节团队沟通、工作不安全氛围与团队成员创新行为之间的关系：员工的创造力自我效能感越高，团队沟通、工作不安全氛围对团队成员创新行为的倒U形影响越小。

三、撰写研究局限与展望

一般来说，一篇学术论文不太可能是一项完美的研究，或多或少地会存在一些局限。因此，在论文的最后，研究者还应检讨研究过程，指出论文在数据处理、方法选择、模型假设等方面的研究局限，并提出未来研究展望。在组织行为学研究领域，常见的研究局限存在于研究设计、数据采集、研究视角、研究范围等方面。研究展望主要

---

① 杨付，张丽华. 团队沟通、工作不安全氛围对创新行为的影响：创造力自我效能感的调节作用 [J]. 心理学报，2012，44（10）：1383-1401.

是为未来研究提出建议，通常针对研究局限而提出，也可根据论文中出现的一些新的研究发现而提出。比如，杨付和张丽华（2012）[①]在其论文中指出了研究设计、数据采集和研究范围方面的研究局限，并针对研究局限和论文中的研究发现提出了研究展望，其具体叙述如下：

本研究仍存在一定的不足和有待进一步研究的地方。

首先，本研究采用横截面研究设计，这对揭示变量间的因果关系略显不够。因此，未来研究应采用纵向研究设计来弥补这种不足。

其次，本研究的数据采集主要依赖自陈式问卷调查，尽管研究者在问卷与统计中进行了一定的处理，但仍难以避免同源方差的问题，这会使变量间的关系放大。因此，未来研究可采用包含主管、同事与员工自评不同来源的评比方式，或者采用准实验或现场实验研究。

再次，本研究聚焦于探索认知风格、团队心理安全感、工作单位结构对员工创新行为的影响，但未考虑其内在作用机制。未来的研究需进一步从理论上挖掘合适的中介变量，以期更深入地研究员工创新行为，揭开工作场所员工参与创新的黑箱。

最后，本研究指出计划型风格的员工可能会表现出创新行为，也可能不会表现出创新行为，并且不仅受团队心理安全感和工作单位结构的调节，可能还受其他因素的影响。因此，未来研究需要进一步解析其影响机制和黑箱子。

在另一篇论文中，杨付、王桢和张丽华（2012）[②]指出了论文在研究范围、研究设计、数据来源、变量选择等方面的研究局限，并针对研究局限提出了未来研究展望，其具体叙述如下：

①　杨付，张丽华. 团队成员认知风格对创新行为的影响：团队心理安全感和工作单位结构的调节作用 [J]. 南开管理评论，2012，15（5）：13-25.

②　杨付，王桢，张丽华. 员工职业发展过程中的"边界困境"：是机制的原因，还是人的原因？[J]. 管理世界，2012（11）：89-109.

作为一个创新性研究，本研究虽然得到一些具有意义的发现，但是依然存在一些局限性和值得深入研究的地方。

首先，正如江旭（2008）指出的那样，需要更深入地探讨和研究"边界困境"的内涵、产生机理和实施效果，深入挖掘"边界困境"涉及的变量，从而才能更为有效地解决"边界困境"问题。然而，本研究只是简单指出了在员工职业发展过程中存在"边界困境"这一现象，并给出了一种解决思路，但是我们并不清楚员工职业发展过程中"边界困境"的具体内涵、产生机理和可能带来的后果，有待未来的研究深入探讨。此外，在本研究中契约控制仅是契约的设计和执行归纳，是一维结构。然而，根据 Luo（2002）的研究，契约不是一维的，一个完全的契约包括条款的特异性（term specificity）和未来事件的适应性（adaptability）。两和类型的契约控制对员工职业发展过程中的"边界困境"各自有什么影响，是否存在差异，本研究无法回答，未来研究可以考虑对契约控制的多维性进行分析，并在实证研究中对此进行分类，以便更为确切地掌握契约控制的内涵以及在员工职业发展过程中所起的作用。

其次，由于采用横截面研究设计，因此本研究只能依据领导成员交换理论和交易成本理论，选择个体层次领导成员交换和团队层次契约控制作为自变量，而员工职业成功和内部机会主义作为因变量，构建一个整合模型。然而，逆向因果关系也有可能存在，比如员工职业越成功或者越机会主义，就越想获得更多的授权、信息和资源，则更有可能成为"圈内人"，从而进一步改善领导成员交换关系质量，即员工职业成功或内部机会主义也有可能影响了领导成员交换。显然，这对揭示变量间的因果关系略显不够，未来研究应采用纵向研究设计，可以考虑在多个时间点对多个变量进行同时测量，然后考察这些变量的变化和变量间的影响关系（Polyhart and Vandenberg，2010）。

再次，本研究只是针对具有良好合作关系的 13 家大型制造业集团进行的测试，而在不同行业可能会产生一些不同的结论。因而未来不可避免需要将我们的研究发现推向更为广阔的领域。此外，本研究聚焦于探索领导成员交换和契约控制对员工职业发展过程中"边界困境"的影响及其交互效应，但未考虑其内在作用机制。依据Muller等（2005）的观点，探索中介效应有助于了解关系形成的过程及其干预机制，因而，未来的研究需进一步从理论上挖掘合适的中介变量，以期更深入研究员工职业发展过程中"边界困境"，揭开员工职业发展过程中产生"边界困境"的黑箱。

最后，我们将"软"性的领导成员交换和"硬"性的契约控制引入员工职业发展过程中"边界困境"的分析框架，为"边界困境"研究开辟了新的方向，但是，在组织管理实践中还有许多"软"性人的因素（比如面子）和"硬"性机制的因素（比如专用性资产投资），因而，未来研究还有很多研究工作需要深入。此外，本研究的数据采集主要依赖自陈式问卷调查，尽管研究者在问卷与统计中进行了一定的处理，但仍难以避免同源方差的问题。这会使变量间的关系放大。因此，未来研究可采用包含主管、同事与员工自评不同来源的评比方式，或者采用准实验或现场实验研究。

阅读与思考

孙光宇：发表16篇SCI，我用了3年

孙光宇，就读于西安交通大学钱学森学院，电气学院应届硕士毕业生，硕士答辩委员会建议其申请博士学位。在攻读硕士学位期间，他以第一作者在 *Physical Review E*、*Applied Physics Letters*、*Plasma Source Science & Technology* 等期刊（均在学校"最具影响力期刊"目录）发表SCI论文8篇、EI会议论文4篇，另以其余作者身份发表SCI论文8篇、EI会议2篇。获得西安交通大学"优秀研究生标兵"、国家奖学金2次、高电压技术专业"严璋"奖学金和"远东"奖学金、电气学院年度人物等奖项。目前，孙光宇已被瑞士洛桑联邦理工学院瑞士等离子体中心录取为博士研究生，并获得全额奖学金。

一、始于模仿，成于创新

以第一次发表论文的经历为例，孙光宇分享了做科研的一般流程。他第一次科研的研究方向是导师确定的，对于这个方向他所在的课题组已经发了不少论文，他要做的是通过编程将其复现出来。在查阅了大量的文献后，他找到了跟该课题紧密相关的十几篇论文。精读论文后，通过模仿前人的做法，他尽可能做到对之前研究的复现。"对刚开始从事科研工作的人来说，模仿是很重要的过程。我们很难一开始就能够创造一个全新的体系、全新的技术，但通过一些模仿和复现性工作就会发现前人的研究并不是很完善，然后在此基础上进行创新，通过进一步的研究就可能会有新的成果，并写成一篇论文发表出来。"

二、无人迹处，最有奇观

谈及自己的科研方法时，孙光宇表示，研究方向是非常重要的。如果在一个相对比较成熟的领域做研究，就会发现自己能想到的点子别人在好久之前就已经做好了。其实科研就像是在挖金子，如果在一个相对较新的领域研究，便会比较容易发现金子。同时，科研方法也很重要。要能够分辨清楚哪些是值得花时间去做的事情，哪些是马上就要解决的问题，哪些是不太重要的细枝末节。当然，努力也很重要，但是因为科研工作者都很努力，相比之下研究方向和方法就显得尤为重要。

三、石以砥焉，化钝为利

在这三年的科研经历中，最令孙光宇难忘的便是第一次投出的论文因不够成熟而被拒的经历。在沮丧了一小段时间后，他认真分析总结了论文被拒的原因，并加以改正。因此，这第一次论文投稿被拒的经历也成了唯一一次。"科研带给人的感受是复杂的，偶尔也会因为暂时的瓶颈而感到迷茫，但更多的是出了研究成果之后的喜悦，一作论文发表后的激动，以及对能在更高一级期刊（如 *Nature*、*Science*）上发表的期待。"

四、业精于勤，行成于思

对于大学要如何度过，孙光宇认为本科期间主要是要打好基础，没有必要太早确定以后工作的方向，因为在大一大二时期很难有这种判断能力。但是方向一旦确定好了以后，就应该一直往前走。"希望学弟学妹们找到自己擅长且感兴趣的领域，并坚持走下去；在这个浮躁的社会，少一点从众，多一点思考。"

五、心系家国，饮水思源

受钱学森无私奉献的爱国精神的影响，孙光宇计划在瑞士读完博士就回母校任教。"我认为我们青年无论在国外深造多久，都应该回来报效祖国。习近平总书记提出了'三个面向'，这要求我们青年有大局观，将个人理想融入国家发展大局、将个人奋斗汇入时代进步大潮，在新时代创造属于我们这代人的历史功绩。"

资料来源：电气学院，钱学森学院．孙光宇：发表16篇SCI，我用了三年［EB/OL］．（2020-09-02）［2024-04-10］．http://news.xjtu.edu.cn/info/1037/23438.htm.

思考题：孙光宇的事迹对你有何启发？

复习与思考

1. 摘要撰写的基本要求有哪些？
2. 文献综述写作原则有哪些？
3. 常见的文献综述结构安排有哪几种？
4. 请运用一种常见的引言写作技巧为你第二章确定的学术论文选题撰写引言。

第五章 学术论文格式规范

学习目标

通过本章学习，了解学术论文格式的重要性，熟悉学术论文格式的范式，掌握学术论文撰写格式规范和学术论文引证格式规范。

第一节 学术论文格式的重要性

一篇好的学术论文不仅要有独具见解的内容，还要严格遵循格式规范，具体包括撰写规范、引证规范和打印规范。一些同学认为，格式相对于内容来说微不足道，并将格式规范视为雕虫小技，觉得繁杂琐碎，不予重视。其实不然。格式是学术论文最重要的门面，掌握格式规范是写好学术论文的前提。论文本身写得再好，注释与引用的方法不对，参考文献的格式不符合要求，也不可以。打个比方，你的歌喉很好，可是不能够按照节拍与音乐伴奏来唱，那究竟你会不会唱歌呢？你可以说，我正在唱自己创作的一首歌，新唱法，故而有不同的节拍，但是学术好比在既有的节拍与伴奏下唱自己的歌。也就是说，学术需要借现有的学术成果来表达自己的见解，即自己的见解必须建立在现有的研究成果之上。打个比方，现有的学术成果是食材，你要用这些食材做出你的一盘菜，若不利用现有的研究成果，巧妇难为无米之炊。学术论文的规范就是为上述学术论文的特性而服务的。这些格式的主要目的就是清楚地分清与辨识出你依赖了哪些现有研究成果、依赖了多少、如何依赖、你自己的贡献又在哪里等。而你的研究成果也只有遵守了学术格式规范，才可能变成别人写作的素材。因此，遵循严格的格式规范撰写论文，是学术交流与传承的需要。

目前，国际学术界已形成各学科通用的论文格式规范，中国国家标准化管理委员会也为学术论文制定了相应的格式规范。这些规范不考虑专业特点，也不因学校或导师的不同而改变。学位申请人能否按照此标准撰写论文已经成为衡量论文水平的一项指标。如果不按照规范撰写论文，其结果将达不到要求，也得不到学术界的认可。此外，规范的格式不仅可以体现出作者逻辑思维的缜密性，有助于其更好地表达想要表达的内容，也可以让读者在阅读论文时以最短的时间获得最有用的信息，便于理解和掌握论文的思想和见解。

论文格式规范在许多细节方面是非常复杂的，如果初次接触，一定会有不适应的地方，但是掌握其基本格式并不难。其实，一篇论文不可能涉及所有规范，只要掌握基本格式，然后在撰写论文的过程中注意查阅相关资料即可。

第二节　学术论文格式的范式

关于英文学术论文的格式，目前被国际学术界广泛接受的主要有三种：美国心理学会（American Psychological Association，APA）论文格式、现代语言学会（Modern Language Association，MLA）论文格式和芝加哥论文格式（The Chicago Manual of Style，CMS）。这些范式在标题、引文、参考文献等方面的格式要求各有特色。

一、APA论文格式

APA论文格式是被广泛接受的学术论文撰写格式，尤其适用于社会科学领域的论文。它起源于1929年，美国心理学会发布了《美国心理学会出版手册》。目前，该手册已更新至第七版，详细规范了文章的页面格式、图表、参考文献等各个方面。使用APA论文格式的目的是确保学术论文的规范性和可读性，也方便读者有效地浏览和搜集文献资料。由于APA论文格式主要针对社会科学领域，因此其在心理、教育等学科中得到了广泛的应用。APA论文格式的主要特点如下：

（一）引用规范

APA论文格式强调文献的年代，而相对不那么注重原文作者的姓名。在文中的引用部分，需要注明作者的姓氏和年份，如（Smith，2010）。在文末的参考文献部分，需要交代作者姓名、发表年份、文章题目、期刊名称、卷号、期号、页码等详细信息。

（二）标题与层次结构

APA论文格式利用标题来组织文章，使其具有清晰的层次结构。标题分为不同的级别，每一级都有其特定的格式要求，从居中的大小写标题到缩进的小写标题等。

（三）格式要求

APA论文格式对字体类型、字号、行距、段落缩进和标题样式等排版要素都有明确的规定，需严格遵守，以确保学术论文格式规范统一。

1.标题页格式

①标题应居中，大小写均可，避免使用下划线和斜体。

②作者名字写在标题下方，居中；如有多位作者，用逗号隔开，最后一位作者前用"and"连接。

③作者所属机构（如学校或研究机构）应写在作者名字下方，居中。

④根据需要，可以在标题页上添加课程名称和编号、指导老师、提交日期等信息。

2.正文格式

①字体和字号：通常使用12号Times New Roman字体。

②行距：通常使用双倍行距。

③对齐方式：通常使用左对齐方式。

④段落缩进：每段开头缩进约0.5英寸（约1.27厘米，5个字符）。

⑤页边距：通常上下左右边距均为1英寸（约2.54厘米）。

3.标题格式

APA论文格式规定了文章内标题的特定格式，分为不同级别。例如：第一级标题为居中的大小写标题（标题中的主要单词首字母大写，介词、冠词、连词等短词全部小写）。第二级标题为靠左对齐的大小写标题、加粗。第三级标题为靠左对齐的大小写标题、加粗、斜体。第四级标题为缩进、加粗、斜体、小写标题（除第一个单词的首字母大写外，其他均小写），标题结尾加句号，正文紧跟标题，无须另起一行。第五级标题为缩进、斜体、小写标题，标题结尾加句号，正文紧跟标题，无须另起一行。

标题的使用有助于组织文章，使其具有层次结构。

4.文献引用格式

APA论文格式对文献引用的格式有严格的要求，包括作者姓名、发表或出版年份、文章标题、期刊或图书名称、卷号、期号、页码等。

引用格式通常按照字母顺序进行排列。例如：

Smith，J.（2020）. *Principles of Marketing*. Tsinghua University Press.

Zhang, S., & Li, S. (2021). Consumer Behavior Research in the Digital Era. *Journal of Business Studies*, 5 (1), 10-15.

5.非歧视语言

APA论文格式强调非歧视语言，禁止在论文中使用针对女性和弱势团体的歧视性文字。

注意，APA论文格式的具体要求可能随着版本的更新而有所变动，因此，在撰写论文时，建议查阅最新的APA格式手册或官方指南，以确保符合当前的要求。同时，不同出版机构或学术期刊也会对论文格式有特定的要求，所以在提交论文前，务必仔细阅读并遵循相关机构或期刊的格式要求。

二、MLA论文格式

MLA论文格式被广泛应用于文学和语言研究领域。这种格式旨在确保学术著作的完整性和规范性，为读者提供清晰、一致的文献引用方式。MLA论文格式的主要要求如下：

（一）页面设置与布局

MLA论文格式在页面设置和布局方面有着明确的规定：

首先，论文应使用标准A4纸，页边距一般设为上、下、左、右各1英寸（约2.54厘米）。

其次，论文的标题应居中显示在首页顶部，下方空两行后开始撰写正文。

最后，页眉需包含作者的姓氏和页码，页码从正文第一页开始计数，封面不计入页码。

（二）标题与子标题格式

在MLA论文格式中，标题和子标题的书写方式也有所不同。标题应在新的一页上居中显示，采用标题式大小写（即每个主要单词的首字母大写），无须加粗、斜体或使用下划线。子标题则无须新建页面，采用左对齐方式，使用句子式大小写（即只有第一个单词的首字母大写），同样无须进行特殊格式处理。

（三）引用与参考文献

MLA 论文格式非常重视文献引用和参考文献的规范性。在论文正文中，如需引用他人的观点或数据，应在括号中注明作者姓氏和引文所在页码。若正文中已提及作者姓名，则只需在引文后括号内注明页码。当引用多位作者时，需按照规定的格式书写作者姓氏，如两位作者用"and"连接，三位或更多作者则使用"et al."表示。

参考文献部分需按照MLA论文格式详细列出所引用的文献信息。对于著作，包括作者姓名、书名、出版社名称、出版年份等。对于期刊文章、网页等其他类型的文献，也有相应的书写格式要求。

（四）其他注意事项

在撰写MLA格式论文时，还需注意一些细节问题。例如，论文应使用清晰、简洁的语言表达，避免使用过于复杂的词汇和句式。同时，论文应遵守学术诚信原则，不得抄袭或剽窃他人成果。

此外，在提交论文前，应仔细检查格式、拼写和语法等方面的错误，确保论文质量符合要求。

总之，MLA论文格式作为一种被广泛接受的学术写作规范，为文学和语言研究领域的学者提供了明确的指导和帮助。掌握MLA论文格式的基本要求和特点，对于提高学术论文的质量和水平具有重要意义。

三、CMS论文格式

CMS论文格式源于芝加哥大学出版社在1906年出版的《芝加哥格式手册》（*The Chicago Manual of Style*），经过100多年的增补修订，其确立了学术论文写作格式的权威地位。《芝加哥格式手册》目前已出至第15版，"格式指南"部分详细说明撰写论文时需注意的细节，包括标点符号、人名和数字的写法、引文的写法、图表的制作、数学公式、缩写，以及注释和书目的编制方法等，是撰写论文时编写注释与参考书目之必要参考。

从总体上看，学术论文格式规范主要有如下方面：

①撰写规范，包括语言风格要求，摘要与关键词规范，章节标题、图表、举例等方面的要求；

②引证规范，包括文内引用加注规则、注释规范、参考文献著录规则等；

③打印规范，包括封面、字体、字号、行距、页码设置、纸张等方面的要求。

上述三大流行规范中的撰写规范，差别很小，主要差异体现在引证规范上。例如，在不同的格式中，参考文献有不同的书写和排版格式，甚至连"参考文献"这一标题也有不同的英文说法：APA论文格式称其为References，MLA论文格式称其为Works Cited，CMS论文格式则称其为Bibliography。

在我国，相关机构也发布了相应的国家标准来规范文献著录格式。目前，在撰写学术论文时，主要应遵循的标准包括《学术论文编写规则》（GB/T 7713.2—2022）、《信息与文献　参考文献著录规则》（GB/T 7714—2015）、《科技报告编写规则》（GB/T 7713.3—2014）等。此外，国内具有较大影响力的经管类核心期刊（如《经济研究》《管理世界》等）也有自己的编排规范，所以国内各高等院校所采用的学位论文格式规范并不完全相同。大多数高校都是按照某个通用标准，结合学科惯用的论文写作规范，自行编写论文格式规范。本章主要以APA格式规范为基础，并参照国内重点高校经管类专业学位论文写作规范，介绍学术论文的撰写规范、引证规范和打印规范；介绍时，力求简洁明了，重点突出。

第三节 学术论文撰写格式规范

学术论文撰写格式规范包括语言风格要求，摘要与关键词规范，章节标题、图表、举例等方面的要求，本书主要对摘要与关键词、章节标题以及图表的格式规范进行介绍。

一、摘要与关键词

（一）摘要

摘要是论文的缩影，读者从摘要中能够快速获取这篇论文的研究内容、过程和观点结论等信息。读者阅读一篇论文时，是从摘要开始读起的。根据摘要他们就可以判断这篇论文是不是他们想要的，对他们是否有帮助。所以，摘要的读者面要比正文的更广。此外，摘要对专家撰写评阅意见具有重要的参考作用。因此，用精练、概括的语言写好摘要，准确、到位地对研究成果作出描述和评价是十分重要的。

根据《中国人民大学研究生学位论文及其摘要的撰写和印制要求》的规定，研究生学位论文摘要是学位论文内容不加注释和评论的简短陈述，它应具有相对的独立性和完整性，即不阅读学位论文全文也可以获得全文的主要信息和结论，是一篇完整的短文，可独立使用。研究生学位论文摘要应突出论文的新见解和创造性成果。研究生学位论文摘要包括中外文两部分，外文摘要应是中文摘要的全文翻译。学位论文摘要无须单独装订，须装订在版权页（独创性声明）后。

根据 APA 论文格式的要求，摘要部分依论文性质不同而异。

①实证性论文的摘要内容包括研究问题、研究对象、研究方法、研究发现、结论与建议。

②文献综述或元分析类论文的摘要内容包括研究问题、分析规

则、文献选取依据、研究结果与效应值的主要调节变量、结论（含限制）、建议。

③理论性论文的摘要内容包括理论的内涵及/或原则、理论对实证结果的解释程度、结论。

④方法类论文的摘要内容包括相关方法的讨论、本方法的特性分析、本方法的应用范围、本方法的统计特性（如效果、统计检验力）。

⑤案例研究类论文的摘要内容包括研究对象及背景特征、案例问题的分析与解决。

因此，研究者在撰写学术论文的摘要时，应根据自己论文的性质，将 APA 论文格式要求的摘要内容包含进去。同时，要保持摘要的独立性和完整性，并突出学术论文的创造性成果和新见解，语言力求精炼、准确。要先撰写中文摘要，英文摘要在中文摘要的基础上翻译，并保持内容上的一致性。

（二）关键词

关键词是反映论文最主要内容的术语，对论文检索有重要的作用。关键词从摘要段另起一行写，排在摘要的下方，数量应该为3~8个。关键词应该从题目和摘要中选取最能表达论文中心内容、标志论文主题的词。这些词需要保证专业性，应该是各个学科中规范的、有特定含义的、通用的学术名词。

二、章节标题

学术论文的章节标题要简短明确，同一层次的标题应尽可能"排比"，即词（或词组）类型相同（或相近），意义相关，语气一致。

多层次标题既可用阿拉伯数字连续编号，也可沿用公文的层次序号，但层次编排的书写要做到全文统一，即一篇学术论文中只能采用一种编号格式。当采用阿拉伯数字连续编号时，不同层次的数字之间用小圆点"."相隔，末位数字后面不加点号。当沿用公文的层次序号时，带括号的序号后不加标点符号，不带括号的序号后加标点符号。

不管采用何种格式，标题末尾均不加标点。比如，学位论文常见编号格式有三类（见表5-1），期刊论文常见编号格式有两类（见表5-2）。

表5-1　　　　　　　　学位论文常见编号格式

第一类	第二类	第三类
第1章	1	第一章
1.1	1.1	第一节
1.1.1	1.1.1	一、
（1）	（1）	（一）
①	①	1.

表5-2　　　　　　　　期刊论文常见编号格式

第一类	第二类
1	一、
1.1	（一）
1.1.1	1.
（1）	（1）
①	①

三、图表

在论文中出现的图形和表格，每个图表都应该有一个简明扼要的标题，编号应该按照图表的出现顺序进行排列，如学位论文用"图1-3"（第1章第三个图）、"表3-2"（第3章第二个图）等，期刊论文用"图1""表2"等。图表及其编号、名称均须在文中居中放置，其中图的编号须放在图形下方，表的编号放在表格上方。图表如果是引用他人的，一定要注明来源；如果是自己绘制的，则无须注明来源。如果图表是引用他人的，直接剪切过来可能比较模糊，因此一般情况下应按照所引用的图表进行重新绘制。图表中如有计量单位，通常标注在图表的右上方。同时，由于学术论文在打印时通常为黑白打印，因此图表在绘制时一般不绘制成彩色。

图表与其编号、名称是一个统一体，不应出现编号、名称在一页而图表在下一页的情况。如果图表的长度不足一页，应调整文字的位置，尽量将图表放在同一页。如果图太大，在一页放不下，应通过调整图的大小将其置于一页。如果表的长度超过一页，可以将表的编号、名称与部分表格内容置于一页，将表的剩余内容在下一页用"续表"的形式排版，并且表的编号、名称和表头要重复排版。一般将图表的内容设置为"纵排"；如果图表过宽，或者横排更美观，也可以将图表内容设置为"横排"。

图表在正文中的作用是帮助作者更清晰地阐述所要表达的内容。一般先由一段文字阐述观点、引用该图表的编号；给出图表后，再根据图表所展示的内容，用文字作进一步的说明。

第四节 学术论文引证格式规范

学术论文引证格式规范包括文内引用加注规则、注释规范、参考文献著录规则等。

一、文内引用加注规则

目前国内最为流行的文内引用加注方法有两种：

一为顺序编码著录法，即要求凡在正文中引述参考文献之处，须在其右上角用方括号标注一个阿拉伯数字序号，序号按自然顺序编排，而在文后的"参考文献"中按此序码以规定格式著录文献的有关项目，参考文献与引文处的序号必须对应。《南开管理评论》《浙江大学学报（人文社会科学版）》等杂志均采用这种文内引用加注方法。

二为 APA 论文格式提出的"作者和日期"的引用方式以及"括号

内引用法"。比如，根据《对外经济贸易大学研究生学位论文写作规范》的规定，在文中引用文献（包括引用原文）时，既可以采用"加注法"，也可以采用"加括法"。

顺序编码著录法较为简单，在此不再赘述。下面主要介绍 APA 论文格式提出的"作者和日期"的引用方式以及"括号内引用法"。

（一）基本格式

同作者在同一段中被重复引用时，如果采用下述第一种引用方式，第一次须写出日期，第二次以后则可省略日期；如果采用第二种引用方式，第二次以后则须注明年代。

1.英文文献

第一种引用方式：

In a recent study of reaction times，Walker （2000） described the method...Walker also found...

第二种引用方式：

In a recent study of...Walker（2000） ... The study also showed that...（Walker，2000）.

2.中文文献

第一种引用方式：

郑子林（2014）从知识型员工的特征出发……在此基础上，郑子林提出通过在招聘过程中传递真实信息……

第二种引用方式：

郑子林（2014）从知识型员工的特征出发……在此基础上，文中提出通过……达到预防心理契约违背发生的目的（郑子林，2014）。

（二）作者为一个人时的格式

1.英文文献

格式为：姓氏（出版或发表年份）或（姓氏，出版或发表年份）。例如：

Porter（2001）…

…（Porter，2001）.

2.中文文献

格式为：姓名（出版或发表年份）或（姓名，出版或发表年份）。例如：

郑子林（2014）……

……（郑子林，2014）。

（三）作者为两个人及以上时的格式

1.作者为两个人时

英文论文：两个人的姓氏全列，并用and连接；在括号内用"&"连接。例如：

Wassertein and Rosen （1994）…

…（Wassertein & Rosen，1994）.

中文论文：两个人的姓名全列，并用"和"或"与"连接；在括号内用顿号连接。例如：

杨付和张丽华（2012）……

……（杨付、张丽华，2012）。

2.作者为三至五个人时

英文论文：第一次出现时列出所有作者的姓氏，第二次以后仅写出第一位作者的姓氏并加"et al."。例如：

第一次出现时：

Wasserstein，Zappula，Rosen，Gerstman，and Rock （1994）found…

…（Wasserstein，Zappula，Rosen，Gerstman，& Rock，1994）.

第二次以后：

Wasserstein et al.（1994）…

……（Wasserstein et al., 1994）.

中文论文：第一次出现时所有作者均列出，第二次以后仅写出第一位作者并加"等"。例如：

第一次出现时：

杨付、王桢和张丽华（2012）……

……（杨付、王桢、张丽华，2012）。

第二次以后：

杨付等（2012）……

……（杨付等，2012）。

3. 作者为六个人及以上时

每次仅列第一位作者并加 "et al."（中文用"等"）。例如：

英文论文：

Piccolo et al.（2012）…

…（Piccolo et al., 2012）.

中文论文：

王益文等（2015）……

……（王益文等，2015）。

（四）作者为公司、协会、政府组织、学会等单位时

依下列原则撰写：

①基本上每次均使用全名。

②简单且广为人知的单位，第一次用全名并加注其缩写名称，第二次以后可用缩写，但在参考文献中一律要写出全名。

英文论文：

第一次出现时：

National Institute of Mental Health〔NIMH〕（1999）…

…（National Institute of Mental Health〔NIMH〕，1999）.

第二次以后：

NIMH（1999）…

…（NIMH，1999）.

中文论文：

第一次出现时：

人力资源和社会保障部［人社部］（2018）……

……（人力资源和社会保障部［人社部］，2018）。

第二次以后：

人社部（2018）……

……（人社部，2018）。

（五）外文作者姓氏相同时

相同姓氏的作者在文中引用时均引用全名，以避免混淆。例如：

R. D. Luce （1995） and G. E. Luce （1988）...

R. D. Luce （1995） 和 G. E. Luce （1988）……

（六）未标明作者（如法令、报纸社论）或作者为无名氏时

1.未标明作者的文章

把引用文章的标题当作作者，并加双引号或书名号，在文中英文还要用斜体显示。例如：

英文论文：

"*Challenges and Opportunities in the Information Society*"（2015）...

...（"*Challenges and Opportunities in the Information Society*"，2015）.

中文论文：

《信息社会的挑战与机遇》（2015）……

……（《信息社会的挑战与机遇》，2015）。

2.法令

把法令的名称当作作者，以法令颁布的年份作为出版年份。当需要强调法令名称时，可以用双引号或书名号表示。例如：

英文论文：

"Consumer Credit Protection Act"（1968）…

…（"Consumer Credit Protection Act"，1968）.

中文论文：

《劳动合同法》（2012）规定……

……（《劳动合同法》，2012）。

3.作者署名为佚名时

以"佚名"（anonymous）当作作者。例如：

…（Anonymous，2008）.

……（佚名，2008）。

（七）括号内同时包括多个文献时

英文依姓氏字母（中文依拼音字母）先后顺序排列，姓氏字母（中文姓氏拼音字母相同再看名字的拼音字母）相同的再按年代先后顺序排列，不同文献之间用分号"；"隔开。例如：

英文论文：

…（Baker，Gibbons，& Murphy，1994；Ghoshal & Moran，1996；Moschandreas，1997）.

中文论文：

……（韩翼、杨百寅，2009；李锐、凌文辁、惠青山，2008；罗东霞、关培兰，2008；詹延遵、凌文辁、方俐洛，2006）。

（八）引用相同作者的多篇文献时

相同作者不同年代的文献用逗号分开，相同作者相同年份的文献在出版年后加 a、b、c 以示区别。例如：

英文论文：

…（Judge & Kammeyer-Mueller，2011，2012a，2012b）.

中文论文：

杨付和张丽华（2012a）……杨付和张丽华（2012b）……

（九）引用二手资料时

除非绝版、无法通过一般渠道寻获或是没有英文版本（有阅读困难），尽量不要引用二手资料。如实在需要引用二手资料，其格式如下：

英文论文：Allport's diary（as cited in Nicholson，2003）.

中文论文：尽管已有学者对"边界困境"问题进行了关注（引自杨付、王桢、张丽华，2012）。

（十）引用资料无年份记载或是古典文献时

①知道作者姓氏，不知原始年份，但知道翻译版年份时，引用翻译版年份并于其前加"trans."。例如：

...（Aristotle，1945，trans.）.

②知道作者姓氏，不知原始年份，但知道现用版本年份时，引用现用版本年份并于其后注明版本。例如：

……（Aristotle，1945年版）。

③古典文献不必列入参考文献中，文中仅说明引用章节。例如：

……（《论语·子路》）。

（十一）引用特定局部文献时

如资料来自特定章、节、图、表、公式，要逐一标明特定出处；如引用整段原文献资料，要加注页码。例如：

英文论文：

...（Shujaa，1992，Chapter 8）.

...（Lomotey，1990，p.125）.

...（Lomotey，1990）...（p.125）.

中文论文：

……（谢伸裕，1999，7页）。

……（谢伸裕，1999，二章）。

（十二）引用个人通信记录时

个人通信记录包括书信、日记、笔记、电子邮件、会晤、电话交谈等。其不必被列入参考文献中，但引用时要注明作者姓名、个人记录类别以及详细日期。例如：

英文论文：

...（T. A. Razik，Diary，May 1，1993）.

中文论文：

……（彭剑锋，上课讲义，2014年11月19日）。

（十三）其他方面

例如：

...（see Table 2 of Razik & Swanson，1993，for complete data）.

例如：

……（详细资料请参阅：吕力，2014，24~27页）。

二、注释规范

注释不同于参考文献。参考文献是作者写作论著时所参考的文献，集中列于文末。而注释是作者对正文中某一内容作进一步解释或补充说明的文字，有脚注和尾注两种方式。如采用尾注方式，一般全文连续编号，放在正文之后、参考文献之前。如采用脚注方式，注释放在当页页脚，可一页内连续编号，也可一章内连续编号。脚注一般用①②③④等在需要解释说明的内容右上方标识，并将标识序号及其用于解释说明的文字置于文末（尾注）或页脚（脚注）。比如，杨付、王桢和张丽华（2012）在其论文中对"团队平均领导人数、调查步骤、团队合作的调查范围以及采用社会赞许性量表作为数据删除依据"的注释摘录如下：

　　①为保证代表性，团队领导问卷的发放主要是依据团队规模大小决定。规模较大的团队可能有两个或两个以上的团队领导（比如人力资源部，可能有招聘主管、培训主管、薪酬主管等），将其均值作为领导评价分数。

　　②本研究的调研过程实际上是一个启发式过程，在一开始的调研过程中并不能够完全确定调研的样本及数量；只有在整个调研结束后，才能完全了解调研对象和调研结果。

　　③在调研实施的过程中，我们发现具有良好合作关系基础的企业内部团队之间的合作主要发生在同级团队之间，上级团队和下级团队之间的合作较少，下级团队主要通过来自上级团队的指令完成工作和任务。

三、参考文献著录规则

　　学术论文必然是在参考前人研究成果的基础上撰写而成的，这些被参考的前人的研究成果都是学术论文的参考文献，均应置于学术论文正文的后面。有人认为这部分没有作者的观点，因此不需要注意。这种想法是错误的，因为这部分内容是论文内容的一种辅助工具，便于读者查找信息，所以也需要严格规范格式。

（一）文献类型和标识代码

　　在参考文献列表中，文献类型和标识代码是必不可少的。根据《信息与文献 参考文献著录规则》（GB7714—2015）的规定，常用的文献类型和标识代码如下：M——普通图书；C——会议录；G——汇编；N——报纸；J——期刊；D——学位论文；R——报告；S——标准；P——专利；DB——数据库；CP——计算机程序；EB——电子公告；A——档案；CM——舆图；DS——数据集；Z——其他。

（二）参考文献著录规则的具体格式要求

国内大多数高校和期刊均遵循《信息与文献 参考文献著录规则》（GB/T 7714—2015），其具体格式要求如下：

1.专著及其析出文献

［序号］主要责任者．文献题名［M］．出版地：出版者，出版年：起止页码．

［序号］析出文献主要责任者．析出文献题名［M］//主要责任者．文献题名．出版地：出版者，出版年：析出文献起止页码．

例如：

［1］李剑锋．政府组织行为学［M］．北京：中国人民大学出版社，2005：18-20．

［2］罗宾斯，贾奇．组织行为学［M］．孙健敏，李原，黄小勇，译．14版．北京：中国人民大学出版社，2012：121-124．

［3］马克思．政治经济学批判［M］//马克思，恩格斯．马克思恩格斯全集：第35卷．北京：人民出版社，2013：302．

2.期刊

［序号］主要责任者．文献题名［J］．刊名，年，卷（期）：起止页码．

例如：

［1］段锦云，王娟娟，朱月龙．组织氛围研究：概念测量、理论基础及评价展望［J］．心理科学进展，2014，22（12）：1964-1974．

［2］杨付，王桢，张丽华．员工职业发展过程中的"边界困境"：是机制的原因，还是人的原因？［J］．管理世界，2012（11）：89-109；155；188．

3.论文集及其析出文献

［序号］主要责任者．文献题名［C］．出版地：出版者，出版

年：起止页码．

［序号］析出文献主要责任者．析出文献题名［C］//主要责任者．文献题名．出版地：出版者，出版年：析出文献起止页码．

例如：

［1］伍蠡甫．西方文论选［C］．上海：上海译文出版社，1979．

［2］贾东琴，柯平．面向数字素养的高校图书馆数字服务体系研究［C］//中国图书馆学会．中国图书馆学会年会论文集：2011年卷．北京：国家图书馆出版社，2011：45-52．

4.学位论文

［序号］主要责任者．文献题名［D］．保存地：保存单位，年份．

例如：

［1］张丽华．改造型领导与组织变革过程互动模型的实证与案例研究［D］．大连：大连理工大学，2002．

［2］毛忞歆．领导风格对组织创新的影响机制研究［D］．武汉：华中科技大学，2008．

5.报告

［序号］主要责任者．文献题名［R］．报告地：报告会主办单位，年份．

例如：冯西桥．核反应堆压力管道与压力容器的LBB分析［R］．北京：清华大学核能技术设计研究院，1997．

6.报纸文章

［序号］主要责任者．文献题名［N］．报纸名，发表日期（版次）．

例如：

［1］诸葛亚寒．国家科技三大奖 高校占七成［N］．中国青年报，2015-01-10（4）．

［2］丁珊．教育部发布高校论文排行榜［N］．中国科学报，

2014-11-13（6）.

7.专利

［序号］专利申请者或所有者．专利题名：专利号［P］．公告日期或公开日期．

例如：张凯军．轨道火车及高速轨道火车紧急安全制动辅助装置：201220158825.2［P］．2012-04-05．

8.国际和国家标准

［序号］标准制定单位．标准名称：标准代号［S］．出版地：出版者，出版年：页码．

例如：国家市场监督管理总局，国家标准化管理委员会．信息与文献 资源描述：GB/T 3792—2021［S］．北京：中国标准出版社，2021.

9.电子文献（不包括电子专著、电子连续出版物、电子学位论文等）

［序号］主要责任者．电子文献题名［文献类型/载体类型］．（发表或更新日期）［引用日期］．电子文献的发布或可获得地址．

例如：陈笑．中国乡镇企业的发展演变［EB/OL］．（2020-10-27）［2024-03-09］．https://www.cikd.org/detail?docId=1610．

（三）非常规参考文献的格式处理

国内外一些期刊在卷号、期号和页码方面存在一些特例。具体来说，有的期刊没有卷号，如《中国工业经济》《世界经济研究》《经济科学》等；有的期刊没有期号，如 *Journal of Business Research*、*Journal of Development Economics*、*International Journal of Production Economics* 等；有的期刊没有整卷或整期的连续页码，只有文章编号和单篇文章内部的页码，如 *Frontiers in Psychology*、*Public Relations Review*、*Plos One* 等。针对这些情况，参考文献的格式需要作一些特定的处理。

1.当查不到期刊的卷号时

[序号] 主要责任者. 文献题名 [J]. 刊名, 发表年份 (期): 起止页码.

例如: 李雪松, 党琳, 赵宸宇. 数字化转型、融入全球创新网络与创新绩效 [J]. 中国工业经济, 2022 (10): 43-61.

2.当查不到期号时

[序号] 主要责任者. 文献题名 [J]. 刊名, 发表年份, 卷: 起止页码/文章编号.

例如:

[1] CAI X, LU Y, WU M. et al. Does environmental regulation drive away inbound foreign direct investment? Evidence from a quasi-natural experiment in China [J]. Journal of Development Economics, 2016, 123: 73-85.

[2] GU M, YANG L, HUO B. The Impact of information technology usage on supply chain resilience and performance: an ambidexterous view [J]. International Journal of Production Economics, 2021, 232: 107956.

3.当期刊没有整卷或整期的连续页码时

一是用"文章编号-起始页-文章编号-终止页"来表示页码范围。

例如: LI M, YE H. Temporal leadership and bootlegging behavior of employees: the mediating effect of self-efficacy [J]. Frontiers in Psychology, 2021, 12: 633261-1-633261-13.

二是只写出文章编号, 不写页码范围。

例如: HOBBS M J, SINANAN J. LI M. Grand strategy and public diplomacy: a case study on China's Belt and Road Initiative and its reception in the Australian press [J]. Public Relations Review, 2023,

49（5）：102384.

阅读与思考

漏引被判抄袭"太冤"？不当引用需警惕

国内某知名大学教授章栋（化名）发表在地学领域某期刊的一项研究因涉嫌抄袭产生争议。《中国科学报》记者就此联系章栋时，他连连喊冤："我们最多是引用不当，怎么能说是恶意抄袭与剽窃呢？"章栋表示，问题的根源是文献漏引。"原作者的思路是在别人的基础上形成的，我的学生以为只要引用原始的文献就可以了。所以他只引用了原始的文献，唯独没引用这位作者的文献。"他解释说。尽管章栋已写信向原作者诚恳致歉并获得谅解，但相关论文最后仍被期刊编辑撤稿，理由是内容存在"重复"。

这一事件无疑反映了论文引用规范的重要性。引用规范是对论文的重要要求。近年来，随着高引用率成为评价研究者和论文影响力的一个参考标准，由此引发的"漏引""不引""高自引"等引用不当，乃至"合作互引""审稿拉引用""花钱买引用"等"黑引用"现象日益受到关注，任何形式的操纵都应被视为不道德行为。

论文引用应该具备相关性、全面性，而且最好是最新的参考文献。以《交叉科学》为例，该期刊要求论文中使用的所有数据集、程序代码和方法，必须在文本中被恰当引用，并以首次发表的形式或独立持久标识符的形式，如数字对象标识符（DOI），在参考文献部分列出。"如果一个数据集、代码或方法的标识符与原始研究不同，我们鼓励作者同时引用该标识符和原始研究。"《交叉科学》的总编Fiorani表示。为了确保规范引用，他们鼓励作者最好参考已发表的论文或处于被接收状态中的论文，并要求在论文所有引用中包含DOI；对于发表在预印本服务器上的一些文章，如果其对正在审议的研究具有重要参考价值或与之有非常强的相关性，他们鼓励作者引用这些预印版文章；参考列表中不允许出现未发表的数据、处于提交状态的研究论文、论文摘要和个人通信——虽然在论文中可以提及这些内容。

此外，不提倡在方法部分不详细描述实验具体步骤而只引用文章的做法，如"蛋白质 X 是按照 Y 文中描述的程序分离的"。实验是如何开展的需要在引文后详细描述出来。

资料来源：冯丽妃. 漏引被判定抄袭，教授喊冤！不当引用需警惕［N］.中国科学报，2022-06-20.

思考题：我们应从章栋的事件中吸取什么教训？

复习与思考

1.学术论文格式为什么重要？

2.学术论文格式的流行范式有哪些？

3.学术论文写作为什么要遵循引证格式规范？

第六章　学术论文写作与投稿实用策略

学习目标

通过本章学习，了解学术期刊的分类与评价体系，熟悉学术论文写作的实用策略以及学术论文投稿的步骤与策略。

第一节　学术论文写作实用策略

一、学术语言的特点

学术语言作为一种特殊的语言形式，有着独特的特点和规范。它在学术领域中被广泛应用，帮助学者交流、传递和分享知识。通常，学术语言具有以下特点：

其一，能准确使用本专业领域内特有的学术概念、范畴以及固有用语和用法进行写作。自然科学和哲学社会科学中的每个专业都有其特定的学术概念、范畴、范式以及一些积淀深厚、通行于业界的相对固定的表达方式。我们在从事某个专业领域内学术问题研究的时候，不能脱离这些专业术语和固有用法，否则就被视为外行。例如，在哲学领域，像主体和客体、主观和客观、物质和精神、思维和存在、本质和现象、内容和现实、偶然和必然、可能与现实、道和器、理和气等，都是一一对应的，而不能任意组合。至于哲学中的一些固有用语、用法乃至语调和语气等，几乎渗透在每一个句子中，需要我们认真感悟。

其二，能对学术经典中的名言佳句予以旁征博引并恰当采用。在每一个学科中，其学术经典的宝库里都闪烁着一些流传千古的名言佳句。无论你从事哪个专业的研究，都要尽可能多地熟知和掌握这些名言佳句，以便用时能信手拈来。在学术论文的写作中，旁征博引是必要的，它能拓展学术视野，并体现学术传承。而在这种旁征博引中，有一些主要出于表达方式上的需要。例如，当我们在研讨一篇优秀的学术论文时会发现，在表述风格上它会时常借用一些中西方经典著作中的名句，以提升学术格调。一篇学术论文通篇都是口语式的大白话，就过于平淡了，如能平中见奇、俗中见雅，就能彰显学术格调。因此，想要写好一篇论文，需要阅读大量的参考文献。

其三，能运用具有自身个性的语言进行创作。一篇好的学术论文，在语言文字上一定也是具有个性的。当然，一种具有比较鲜明个性的语言风格的形成并非一日之功，而是长期养成的结果。这就要求我们在从事学术论文创作的时候，必须在充分掌握既有学术成果的基础上，完全从自己的内心生发出自己的学术观点并形成自己的语言表达方式，其中每一句话都是自己真情实感的表露，而不是故弄玄虚、刻意雕饰。没有自己的思想，就没有自己的语言，语言是附着于思想的，"皮之不存，毛将焉附"？那种没有自己独立思想而专在语言文字上讨巧的文章，终究是没有生命力的。因此，独特的语言文字风格是思想的产物，而不单纯是文辞修饰的结果。

其四，能遵循严谨的逻辑进行归纳和演绎。逻辑是内在于语言文字中的一种思想的链条，是把句子贯穿起来的一种推演规则。学术论文不同于一般的日常交谈，后者可以随意转换和漫不经心；也有别于文学创作，后者可以进行大量的情景描绘和心理刻画。学术论文写作主要是析理论道，忌带情感色彩，因而十分注重逻辑的归纳和演绎。

可以说，一篇学术论文，从其内在结构来看，自始至终是一种逻辑的推演：或归纳，或演绎，或二者并用。在逻辑上，讲理无非归纳和演绎二法。归纳是从个别到一般的逻辑推理；演绎是从一般到个别的逻辑推理。无论分析还是综合，都要严格遵循逻辑推理的规则，不能偷换概念。学术研究重在反思和批判，没有反思和批判的论文不能被称为真正的学术论文。但是反思和批判都必须坚守逻辑、理性冷静。

当然，一篇学术论文的优劣主要还在于内涵，而不是形式。内涵浅薄无新意，形式再好也无济于事。学术论文的个性特征不能否定学术语言的一般要求。学术语言高于、优于、雅于日常语言的地方还在于其具有一定的思辨性和富于哲理。平淡如水、寡然无味不是学术语言的风格；凝练典雅、蕴涵深刻、启人心智、耐人寻味才是学术语言的追求。

这些特点和规范性要求是学术语言的基本要求，我们在撰写学术论文时需要重视，并不断增强自己的语言表达能力，以使我们的写作更加准确、清晰、专业和具有学术价值。

二、学术写作中的常见问题

在论文写作中，我们经常遇到一些常见的问题，如不当的表达和措辞、缺乏形式化和正式化、语法和拼写错误、过度使用复杂的句子结构、缺乏引用和参考文献等。这些问题不仅可能影响读者对论文内容的理解，还可能降低论文的可读性和学术价值。因此，我们必须认识到这些问题的存在，才能更好地加以避免。

（一）不当的表达和措辞

学术论文应该使用准确、明确、客观的语言，避免使用模糊的表述，如"可能""似乎""一些人认为"等词汇；应该力求精确和明确地陈述观点，如"该研究的结果令人满意/有价值/具有重要意义"。

（二）缺乏形式化和正式化

学术论文需要具备一定的形式化和正式化，避免使用口语化的表述方式，如俚语、缩写词等；应使用完整的句子结构和适当的学术词汇，确保文章的专业性和严谨性。

（三）语法和拼写错误

在学术论文中，语法和拼写错误会给读者留下不专业和粗心的印象。务必仔细检查和校对论文，特别注意主谓一致、动词时态、冠词和介词的使用等方面的语法错误；使用拼写检查工具来纠正拼写错误。

（四）过度使用复杂的句子结构

过度复杂的句子结构会导致表达不清晰和混淆。要避免过多使用从句、被动语态和复杂的词汇，尽量采用简明扼要的表达方式来传递思想。

错误示例："研究样本包括从不同地区招募的年龄在18至30岁之间的大学生，他们被要求填写一份调查问卷，而且问卷设计非常复杂，一共包含了50个问题。"

正确示例："研究样本包括年龄在18至30岁之间的大学生，他们来自不同地区，并被要求填写一份包含50个问题的复杂调查问卷。"

（五）缺乏引用和参考文献

学术论文撰写须严格遵守学术诚信原则，引用他人观点或研究成果时必须准确标注出处，并规范列出参考文献。这既是对原作者的尊重，也是确保学术研究严谨性与可信度的基本要求。不当或遗漏引用可能导致抄袭，损害学术声誉。因此，研究者应规范引用，明确出处，避免学术不端行为。

三、增强论证的有效性

在学术研究中，有效的论证能够使我们的观点更加具有说服力。而增强论证的有效性，以确保所提出的观点获得更多的认同和支持，需要做到以下几点：

（一）好的论证需要充分的事实和数据支持

引用可靠的来源、研究结果或者专家的意见来支持你的观点，能够让读者或听众确信你的论点是有依据的。例如，你在讨论健康饮食的重要性时，可以引用医学研究中的数据和专家的建议来支持你的说法，观众对你的观点将更有信心。

（二）为了增强论证的效果，需要关注逻辑的连贯性

好的论证应该能够建立起一条清晰的逻辑链，使读者或听众能够从头至尾跟随你的思路。通过使用转折词、因果关系词和逻辑连接词等手段，你可以有效地将各个观点连接起来，使整个论证过程更加有说服力。例如，如果你想要证明使用可再生能源对环境的影响是积极的，可以首先介绍可再生能源的优势，然后提供相关的环境数据和研究成果，最后总结这些信息来得出你的结论。

（三）好的论证需要回应潜在的反对观点

通过预先思考可能的质疑和批评意见，并采取积极的回应措施，你可以增强论证的说服力。这显示出你对于问题的全面考虑，并且可以打消读者或听众的疑虑。例如，你在论述某项政策的利弊时，可以提前给出可能的反对意见，并解释为什么你的观点仍然更有利。

（四）令人信服的论证需要考虑目标受众的需求和价值观

针对不同的受众群体，我们需要调整论证策略，以使观点更加贴合他们的利益和价值观。了解目标受众的背景、关注点和价值观，并从他们的角度出发进行论证，将大大增强论证的有效性。例如，如果你想要说服一位投资者将资金投入到你的新创业项目中，你可以强调项目的潜在利润和风险控制策略，以迎合投资者对于回报和风险的关注。

四、草稿的撰写与修改

由于评审专家总是以批判的态度来审视研究者的学术论文，所以研究者在提交学术论文评审申请或投稿之前，需要对论文进行充分检查和修改。"刀不磨不快，文章不改不好。"修改是学术论文写作中一个非常重要的环节，从某种意义上可以说具有决定性作用。

（一）认识过程的艰巨性决定了学术论文修改的必然性

学术论文是研究者对客观事物认识的反映，而客观事物本身具有丰富性和复杂性，其本质往往隐藏在表象之下。这种复杂性带来了双重困难：一方面，客观事物的内部矛盾需要经过一定的发展和揭示过程才能被认知，其变化和发展往往是曲折且复杂的；另一方面，研究者的认识能力受到主客观条件的种种限制，在认识的不同阶段稍有不慎，就可能导致片面性或主观倾向的出现。正如毛泽东在《反对党八股》中指出的那样："文章是客观事物的反映，而事物是曲折复杂的，必须反复研究，才能反映恰当；在这里粗心大意，就是不懂得做文章的起码知识。"因此，人们对研究对象的认知往往是一个逐步深入的过程，从现象到本质，从片面到全面，从浅显到深刻。而对于研究成果的表达，也需要经历一个从不够准确到较为准确、从不够恰当地反映到逐渐贴切表达的过程。这种转变离不开论文撰写中的修改环节，修改正是这一认识规律的重要体现。

从本质上说，撰写学术论文是一个认识的双向过程：既包括从客观事物到主观认识的"意化"过程，又包括从主观认识到书面表达的"物化"过程。在意化阶段，研究者可能未能完全或正确地认知客观事物；在物化阶段，又可能论文内容未能准确、完整地传达作者的观点。因此，写论文的过程也是不断深化认识的过程，每一次修改都是一次对研究对象理解的再提升，每一次推敲都是一次向严谨和完善迈进的努力。反复修改可以有效减少错误，弥补不足，使论文更加准确地反映研究成果。[①]

（二）修改是学术论文写作中贯穿始终的重要环节

从表面上看，修改是学术论文写作的最后一步，是论文完善的阶段，然而从整体来看，修改贯穿于学术论文写作的全过程。学术论文的写作通常分为三个阶段，在每个阶段都需要重视修改的作用，以确保论文质量的不断提升。

1.在酝酿构思中修改

在论文的酝酿和构思阶段，作者需要明确研究主题、选择合适的研究方法、设计合理的结构框架等，这些都离不开反复思考和推敲。尽管这一阶段的修改并未落笔成文，但它对整篇论文的成败具有决定性意义。一份精心打磨的腹稿能够帮助作者在写作过程中少走弯路，而一份严谨的提纲可以为论文搭建起稳固的结构框架。因此，作者在动笔之前必须进行深思熟虑，而不能随意下笔后再进行大幅修改。

2.在动笔后修改

进入写作阶段后，修改工作进入了更为细致的层面。在这一阶段，形象思维与逻辑思维交替进行，涉及论证的推理、材料的分析、段落的衔接以及语言的表达等多个方面。作者需要反复斟酌词句、调整层次和完善段落结构，通过对比、取舍形成更加清晰和有力的表达。这一阶段的修改通常是边写边改、边改边写的过程，最终完成初稿。

3.在初稿完成后修改

当初稿完成后，作者需要对全文进行全面的审读，逐字逐句、逐段逐章地检查并修改。这一阶段的修改不仅包括字词和句式的推敲，还需要对材料的取舍、层次的安排、结构的合理性以及创新点的表达

---

① 徐融. 毕业论文写作：文科类 ［M］. 北京：中国商业出版社，2002：109-110.

进行全面的审视。初稿修改的重点在于提升论文的整体连贯性和逻辑性，使其由局部的优化上升到整体的完善。

在这三个阶段中，初稿完成后的修改尤为重要。在初稿撰写阶段，作者对每个论点和论据的思考往往不够全面，表达也难以做到完全准确；在初稿完成后，作者能够从整体角度冷静地审视论文，检查中心论点是否清晰，各个层次和段落的安排是否合理。这一阶段的修改还要求作者从读者的视角出发，对论文的内容逐一评估和推敲，更加客观、严格地发现问题并加以改进。通过反复的检查和完善，论文的表达将更加准确、结构更加严谨，最终达到更高的学术水平。

（三）修改是增强写作能力的重要途径

一篇高质量学术论文的诞生，作者不仅需要具备深厚的学术素养，还需拥有娴熟的写作能力。而提高写作能力的关键在于多写，更在于反复修改。正所谓"善作不如善改"，一篇优秀的学术论文往往是在持续修改与完善的过程中逐步打磨而成的。然而，许多研究者尽管思路敏捷、写作速度较快，但忽视对论文的修改工作，缺乏对细节的深入推敲与精心打磨，最终导致论文结构松散、语言冗余、错别字繁多等问题，使得写作水平难以显著提升。因此，修改应当被视为学术论文写作中不可或缺且至关重要的环节。

学习如何修改论文，是写作训练中不可或缺的一部分，甚至可以说是更为有效的训练。鲁迅先生曾强调，通过修改初稿领悟"不应该那样写"的方法，是一种"极为有益的学习方法"。从某种意义上说，能否写好论文，很大程度上可以通过修改能力来衡量。只有当写作与修改能力兼备时，才能真正体现出较高的写作水平。正如契诃夫所言："写得好的本领，就是删掉写得不好的地方的本领。"通过修改，作者不仅能够提升遣词造句的精准性，还能优化谋篇布局的逻辑性，进一步提升论文的整体质量。

此外，认真修改论文并严格把关，不仅是一项写作能力的体现，更是一种严谨的科学态度和治学精神。鲁迅先生对此曾有独到见解，他提出："写完后至少看两遍，竭力将可有可无的字、句、段删去，毫不可惜。"他不仅劝导他人修改文章，自己也以身作则，反复推敲润色。例如，根据《鲁迅全集》记录的信息，他的散文《藤野先生》曾修改多达160~170处，《〈坟〉的题记》全文仅千余字，却改动了百处之多。这种对细节的打磨，凸显了鲁迅追求完美的态度。无产阶级革命导师马克思对著作的修改更是精益求精。根据《资本论》序言的记载，他在完成《资本论》第一卷后，通篇进行多次修订。在德文第二版和法文译本中，他又分别进行了细致的修改和完善。他耗费约40年完成《资本论》，期间反复修改，仅现存的第一、二卷的早期手稿就多达8个版本。根据保尔·拉法格在《忆马克思》一书中的记载，马克思绝不会出版未经仔细加工和认真推敲的作品。他无法容忍未完成的手稿公之于众。若将未经最终校正的作品示人，对他而言是极大的痛苦。他甚至宁愿将未完善的手稿烧掉，也不愿将半成品遗留世间。①

总之，通过反复修改，作者能够使论文在语言表达上更加精练，在结构安排上更具逻辑性，也体现出对科学研究的认真负责态度。只有在修改中不断修正缺陷、追求完美，才能让学术写作真正成为一种能力的沉淀与思想的升华。

五、反馈的获取与应对

在学术论文写作中，获得反馈是非常重要的一步，它有助于我们改进和提升自己的写作技巧，以及进一步完善研究成果。

（一）如何有效地获得反馈

1. 向专业人士或者同领域的专家请教

他们通常具有丰富的学术经验和研究背景，可以给予我们宝贵且专业的意见和建议。在向他们咨询问题时，我们需要准备充分并提供

---

① 文海荣，佟永年，姜性善. 毕业论文写作指导［M］. 沈阳：辽宁教育出版社，1991：80-82.

详细的写作材料，以便他们更好地理解我们的研究内容和写作目的。同时，我们要保持开放的心态，虚心听取他们的批评和建议，而不是仅仅关注他们的赞美或肯定。

2.寻求同行的反馈

同行评审是学术界常见的一种机制，通过与同行进行交流和讨论，我们可以不断完善自己的研究成果。我们可以选择参加学术会议或研讨会，向相同领域的研究者展示自己的成果，并主动邀请他们对论文进行评审。在与他们的交流中，我们要保持谦虚和开放的态度，积极倾听他们的观点和建议，并尽量做到客观对待。

（二）如何应对反馈

首先，我们要理解并接受反馈意见，不要因为自己的主观情绪而拒绝或忽视它们。即使这些意见可能对我们来说有些困难或挑战，但是接受和处理它们是我们成长和进步的关键步骤。

其次，我们要认真分析反馈意见，并结合自己的实际情况进行判断和决策。我们可以将反馈意见与自己的写作目标和研究方向进行比较，看是否需要作出相应的修改或调整。

最后，我们可以选择与反馈者进行进一步的交流和讨论，以便更好地理解他们的观点和建议，并就具体问题进行更深入的探讨。

总之，在学术论文写作中，获得反馈是非常重要的一环，它可以帮助我们不断提升自己的写作水平和学术质量。通过与专业人士和同行的交流，我们可以获得更多的专业意见和建议，从而不断完善和改进自己的研究成果。但是，在接受反馈意见时，我们要保持开放的心态和积极的态度，理性分析和应对这些意见，并进行适当的调整和改进。这样，我们才能够最大限度地提高我们的写作水平和学术质量。

六、实用策略

在撰写学术论文时，以下是一些实用的策略，这些策略不仅能帮助我们提高写作效率，还能提升论文的质量和创新性。

（一）提前拟定写作大纲

在开始写作前，详细拟定一份写作大纲至关重要。大纲可以帮助我们明确论文的整体结构和各部分之间的关系，确保写作有条不紊地进行。

例如：如果我们正在写一篇关于"人工智能在医疗领域的应用"的论文，大纲可能包括引言、文献综述、研究方法、实验结果、讨论和结论等部分。每个部分下再细分小标题，如引言部分可以包括研究背景、研究问题和研究意义等。

（二）广泛阅读相关文献

在撰写论文之前，广泛阅读相关领域的文献是必不可少的。这有助于我们了解研究领域的现状、发展趋势和存在的问题，为研究提供理论基础和参考依据。

例如：在撰写关于"人工智能在医疗领域的应用"的论文时，我们需要阅读大量关于人工智能、机器学习、深度学习以及医疗诊断、治疗等方面的文献。这些文献将帮助我们了解人工智能在医疗领域的应用现状、优势和不足，从而为研究提供方向。

（三）合理使用引用和参考文献

在论文中合理使用引用和参考文献是降低重复率、展示学术诚信的重要手段。引用他人观点或数据时，务必注明出处，并遵循所在领域的引用规范。

例如：在论文中，当提到某位学者的研究成果时，我们可以这样引用："根据 Smith（2020）的研究，人工智能在医疗诊断中的准确率已经达到了90%以上。"同时，在文末的参考文献列表中，我们需要详细列出 Smith（2020）的论文信息，包括作者姓名、文章标题、期刊名称、年份等。

（四）注重改写和总结

在撰写论文时，避免直接复制粘贴他人的观点或数据。相反，我们应该深入理解原文的核心观点，然后用自己的语言重新表达这些观点。这不仅可以降低重复率，还能展现作者的理解和分析能力。

例如：假设我们读到一篇关于人工智能在医疗诊断中的应用的论文，其中有一段话描述了人工智能的优势："人工智能在医疗领域的应用可以帮助医生更准确地诊断疾病和制订治疗方案。通过分析大量的医学数据和病历资料，医生可以借助人工智能技术发现疾病的潜在模式和规律，辅助自己作出更准确的诊断。"在撰写论文时，我们可以这样改写这段话："人工智能在医疗诊断中展现出显著的优势，包括提高诊断准确率、缩短诊断时间等。通过深度学习和大数据分析技术，人工智能能够更准确地识别病灶、评估病情严重程度，从而为医生提供更可靠的决策支持。"

（五）多次修改和完善

好的论文往往需要经过多次修改和完善。在初稿完成后，我们需要仔细检查论文的逻辑性、语言表述和格式规范等方面的问题，并进行必要的修改和调整。

例如：在初稿完成后，我们可以先自己阅读几遍，检查是否有格式不规范、语言不通顺或逻辑不清等问题；然后，请导师或同行进行评审，听取他们的意见和建议，并根据这些意见和建议进行进一步的修改和完善。

（六）合理安排时间

撰写学术论文需要花费大量的时间和精力。因此，我们需要合理安排时间，确保每个阶段都能按时完成；同时，要留出一些时间来应对突发情况或进行额外的修改。

例如：在撰写论文之前，我们可以制定一个详细的时间表，明确每个阶段的时间节点和具体任务。我们可以在第一周完成文献综述部分；

在第二周至第四周完成研究方法、实验结果和讨论部分的撰写；在第五周进行论文的修改和完善；在第六周进行论文的定稿和提交。

第二节　学术期刊分类与评价体系

一、学术期刊的分类

学术期刊作为学术研究成果的重要载体，其分类方式多种多样，以下是一些常见的分类方法。

（一）按内容分类

1.一般期刊

一般期刊强调知识性与趣味性，读者面广，内容较为广泛，不局限于某一专业领域。

2.学术期刊

学术期刊主要刊载学术论文、研究报告、评论等文章，以专业工作者为主要对象，具有较高的学术价值。

3.行业期刊

行业期刊主要报道各行各业的产品、市场行情、经营管理进展与动态，为行业从业者提供相关信息。

4.检索期刊

检索期刊通常用于文献检索，提供学术论文、技术报告等文献的索引和摘要，便于研究人员查找相关资料。

（二）按学术地位分类

1.核心期刊

在某一学科领域（或若干领域）中最能反映该学科的学术水平、信息量大、利用率高、受到普遍重视的权威性期刊。核心期刊的评选标准通常包括期刊质量、影响力、引用率等多个方面。

2.非核心期刊

相对于核心期刊而言，非核心期刊在学术地位、影响力等方面稍逊一筹，但仍然是合法发行的学术期刊，可以发表学术论文。

（三）按注册地划分

1.CN 类刊物

CN 类刊物是指在我国境内注册、国内公开发行的刊物，刊号均标注有"CN"字母。这类刊物需要在国家新闻出版署注册备案，并获得唯一身份编码——CN 号。

2.ISSN 类刊物

ISSN 类刊物是指在我国境外注册、国内或国外公开发行的刊物，刊号前标注有"ISSN"字母。虽然这类刊物不在国内注册，但通常也会申请 ISSN 国际期刊号，以便在国际范围内发行和交流。

（四）按主办单位性质划分

1.国家级期刊

国家级期刊是指由党中央、国务院及所属各部门，或中国科学院、中国社会科学院、各民主党派和全国性人民团体主办的期刊，以及国家一级专业学会主办的会刊。这类期刊通常具有较高的学术地位和影响力。

2.省级期刊

省级期刊是指由各省、自治区、直辖市及其所属部、委办、厅、局主办的期刊，以及由各本、专科院校主办的学报（刊）。这类期刊的学术地位和影响力较弱，但仍然是合法发行的学术期刊。

（五）按研究领域划分

学术期刊可以按照研究领域进行分类，如社会科学、哲学、经济学、法学、教育学、文学、历史学、自然科学、理学、工学、农学、医学等。这种分类方式有助于学者和研究人员快速找到与自己研究领域相关的学术期刊。

（六）按期刊质量划分

除了上述分类方式外，学术期刊还可以按照期刊的质量进行划分。一般来说，核心期刊的质量高于非核心期刊，普通期刊的质量则相对低。然而，这种划分方式并不是绝对的，因为有些非核心期刊或普通期刊在某些领域或方面也具有很高的学术价值。

综上所述，学术期刊的分类方式多种多样，不同的分类方式有助于学者和研究人员从不同角度了解和选择适合自己的学术期刊。

二、核心期刊体系

核心期刊是指在某个学科或专业领域内具有较高学术水平、广泛影响力和较高引用率的期刊。它们通常是该领域内的重要学术交流平台，发表了大量高质量的学术论文，代表了该领域的前沿研究水平和发展方向。

核心期刊的由来可以追溯到文献计量学的研究。早在20世纪30年代，文献学家萨缪尔·克莱门特·布拉德福（Samuel Clement Bradford）就揭示了文献集中与分散的规律，发现某一学科领域内的论文往往集中在少数期刊上。随着科学研究的不断深入和期刊数量的不断增加，人们逐渐认识到，在浩如烟海的学术期刊中，只有少数期刊能够真正代表该学科或专业领域的最高水平。因此，各国学者和机构开始尝试通过不同的方法和标准来评选和认定核心期刊。这些方法和标准通常包括期刊的载文量、被引用次数、影响因子、专家评审等多方面。

在中国，核心期刊的评选和认定也经历了多年的发展，目前已经有了多种不同的核心期刊体系，如中国科技核心期刊、中文核心期刊、CSSCI核心期刊等。这些核心期刊的评选和认定不仅有助于研究者了解该领域的前沿动态和最新研究成果，还能够为学术评价、职称评定、科研项目申报等提供重要的参考依据。同时，核心期刊的评选和认定促进了学术期刊的规范化、标准化和国际化发展，提高了我国学术期刊的整体水平和增强国际影响力。

（一）国内核心期刊体系

国内核心期刊体系是学术界广泛认可的重要评价体系，它对于学术成果的认可、学术期刊的排名以及学者的学术评价都具有重要意义。当前，我国学术界广泛认可的核心期刊体系可以归纳为以下五大类别：

1.北京大学图书馆"中文核心期刊要目总览"（也称北大核心）

评价机构：北京大学图书馆联合北京高校图书馆期刊工作研究会。

评价依据：期刊的引文率、转载率、文摘率等多个指标。

评价频率：每3年评定一次。

覆盖范围：自然科学、工程技术、医学、社会科学、人文科学等多个学科领域的期刊。

认可度：是在国内所有中文核心期刊中评选出的质量较高的期刊，受到广泛的认可，尤其在跨学科范围内具有较高的权威性。

例如，《北京大学学报（自然科学版）》《清华大学学报（哲学社会科学版）》等期刊在各自领域内具有较高的学术水平和较大的影响力，是学术界公认的权威期刊。表6-1为经济与管理类的部分中文核心期刊。

表6-1　　　　　　　　　　经济与管理类的部分中文核心期刊

期刊名称	主办单位	出版周期	ISSN
经济研究	中国社会科学院经济研究所	月刊	0577-9154
管理世界	国务院发展研究中心	月刊	1002-5502
中国工业经济	中国社会科学院工业经济研究所	月刊	1006-480X
会计研究	中国会计学会	月刊	1003-2886

2. 南京大学"中文社会科学引文索引（CSSCI）来源期刊"（也称南大核心，俗称C刊）

评价机构：南京大学中国社会科学研究评价中心。

评价依据：期刊在社会科学领域的引用率和学术贡献。

评价频率：每两年评定一次。

覆盖范围：专注于社会科学领域，如经济学、管理学、法学、教育学、文学等社会学科领域的高质量期刊。

认可度：在学术界尤其是人文社科领域受到极大的认可，影响力属于国内最权威之一。

例如，《社会学研究》《新闻与传播研究》等期刊在社会科学领域具有广泛的认可度和影响力；经济学领域中文顶刊是《经济研究》（如图6-1所示）；管理学领域中文顶刊是《管理世界》（如图6-2所示）；教育学领域中文顶刊是《教育研究》（如图6-3所示）。

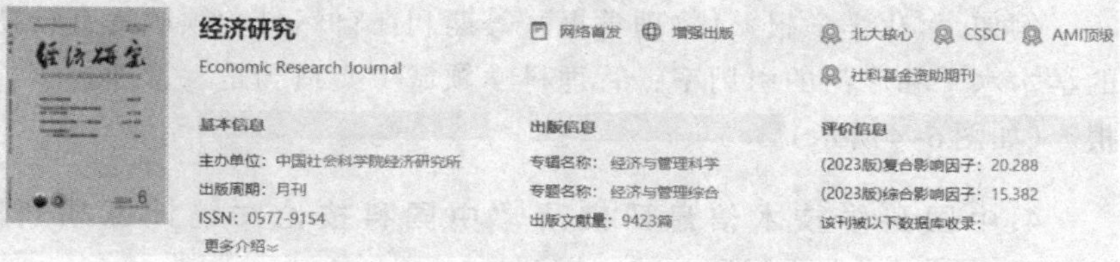

图6-1　经济学领域中文顶刊《经济研究》

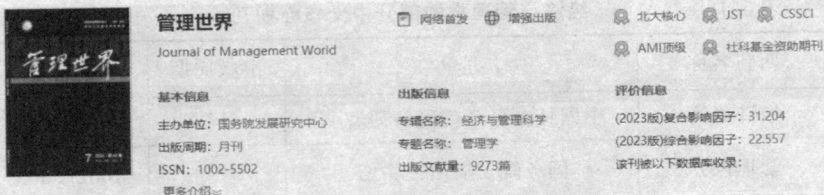

图6-2 管理学领域中文顶刊《管理世界》

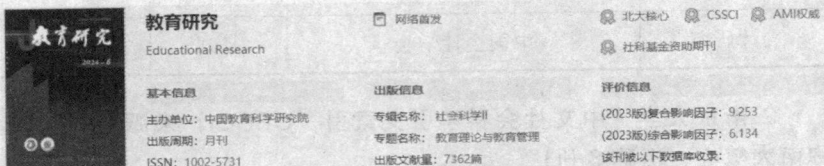

图6-3 教育学领域中文顶刊《教育研究》

3.中国科学院文献情报中心"中国科学引文数据库（CSCD）来源期刊"

评价机构：中国科学院文献情报中心。

评价依据：期刊引用频次等数据。

覆盖范围：数学、物理、化学、天文学、地学、生物学、农林科学、医药卫生、工程技术、环境科学和管理科学等各学科领域的高质量期刊。

评价频率：每两年遴选一次。

认可度：受学术界高度认可，权威性、科学性和广泛性使其成为研究人员获取高质量学术文献和进行学术研究的重要平台。

例如，《化学学报》《物理学报》等期刊在自然科学领域具有较高的学术水平和广泛的引用率；管理科学领域中文顶刊是《管理科学学报》（如图6-4所示）。

4.中国科学技术信息研究所"中国科技论文统计源期刊"（CSTPCD）（也称中国科技核心期刊）

评价机构：中国科学技术信息研究所。

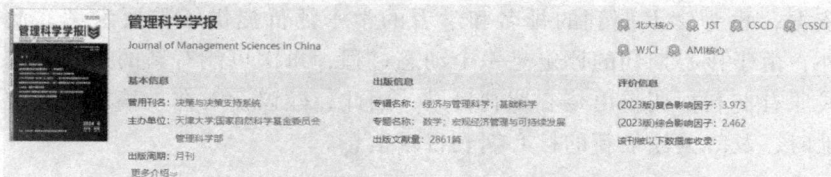

图6-4 管理科学领域中文顶刊《管理科学学报》

评价依据：严格的定量和定性分析，侧重于科技论文的引用和影响力。

覆盖范围：自然科学、工程技术、医学等各学科领域的高质量期刊。

评价频率：每年进行遴选和调整。

认可度：在国内具有较高的认可度，是衡量科技领域学术成果质量的重要标准。

例如，《计算机学报》《机械工程学报》等期刊在工程技术、自然科学等领域具有较高的学术价值和较大的影响力。

5. 中国社会科学评价研究院"中国人文社会科学（AMI）核心期刊"

评价机构：中国社会科学院直属研究单位中国社会科学评价研究院。

评价依据：基于学科与期刊特点构建的期刊评价指标体系。

覆盖范围：哲学、经济学、政治学、法学、社会学、历史学、文学、艺术学、教育学、心理学等在内的多个学科领域的期刊。

评价频率：评选周期和有效期不详。

认可度：虽然目前缺乏公认性，但在人文社会科学领域仍具有一定的参考价值。

例如，《中国社会科学》《中国法学》《经济研究》《政治学研究》《历史研究》《哲学研究》《文学评论》《民族研究》《新闻与传播研究》《社会学研究》等期刊在各自的研究领域内都具有较高的学术声誉和影响力，是人文社会科学领域的重要学术刊物。

以上五大核心期刊体系各有侧重，共同构成了我国学术界广泛认可的核心期刊评价体系。这些体系不仅为学术成果的认可提供了重要依据，也为学术期刊的排名和学者的学术评价提供了重要参考。此外，由于核心期刊的评定是一个动态过程，每次可能有新的期刊入选或原有期刊被调整出核心期刊目录，因此，建议读者在投稿或查阅文献时，及时关注最新的核心期刊目录信息。

（二）国外核心期刊体系

国外核心期刊体系主要由多个权威机构或数据库收录的期刊组成，这些机构或数据库通过严格的筛选标准，选出在各自领域内具有重要影响力和高研究质量的期刊。这些期刊通常涵盖自然科学、社会科学、工程技术等多个学科领域，主要包括：

1.SCI（科学引文索引）

SCI（Science Citation Index）由美国科学信息研究所（Institute for Scientific Information，ISI）[1]创建并维护，是全球最具权威性的科技文献检索工具之一。它主要收录自然科学领域的期刊，包括物理、化学、生物、医学、农业、工程技术等多个学科领域。

例如，《自然》（*Nature*）、《科学》（*Science*）、《细胞》（*Cell*）等期刊都是SCI收录的重要期刊，它们在各自领域内具有极高的学术影响力和权威性。

2.SSCI（社会科学引文索引）

SSCI（Social Sciences Citation Index）是SCI的姊妹篇，由美国科学信息研究所创建。它主要收录社会科学领域的期刊，包括经济学、法律、管理学、心理学、社会学等多个学科领域。

例如，《美国社会学评论》（*American Sociological Review*）、《管理科学》（*Management Science*）等期刊都是SSCI收录的重要期刊，它们

---

① ISI后来被汤森路透（Thomson Reuters）收购，并成为其知识产权与科技事业部的一部分。2016年，汤森路透将该事业部出售给Onex和Baring Asia组成的私募基金，后者据此成立了科睿唯安（Clarivate Analytics）。目前，科睿唯安继承了ISI的相关业务，包括Web of Science、Journal Citation Reports等。

在社会科学领域具有广泛的影响力和权威性。

3.AHCI（艺术与人文引文索引）

AHCI（Arts & Humanities Citation Index）是美国科学信息研究所开发的一种国际性的学术检索工具，与SCI并称为美国科学信息研究所的两大检索工具。它致力于收录并索引艺术与人文科学领域内的高质量学术期刊，为学术界提供了重要的文献参考和评估标准。AHCI主要涵盖艺术、人文、语言（包括语言学）、诗歌、音乐、古典文学、历史、东方研究、哲学、考古学、建筑学、宗教、电视、戏剧和广播等多个学科领域的期刊。这些期刊均为国际权威或具有广泛影响力的出版物，为研究者提供了丰富的学术资源和研究视角。

例如，《科学教育文化研究》（*Cultural Studies of Science Education*）、《亚洲研究评论》（*Asian Studies Review*）、《文化经济杂志》（*Journal of Cultural Economy*）等期刊都是AHCI收录的重要期刊，它们在人文科学领域具有广泛的影响力和高的权威性。

4.EI（工程索引）

EI（The Engineering Index）由美国工程信息（EI）公司出版，是全球范围内工程技术领域的重要检索工具。它主要收录工程技术领域的期刊论文、会议论文和技术报告等。

例如，《中国机械工程学报》（*Chinese Journal of Mechanical Engineering*）、《土木工程学报》（*China Civil Engineering Journal*）等期刊都是EI收录的重要中文期刊，其在工程技术领域具有较高的学术水平。

5.ISTP（科技会议录索引）

ISTP（Index to Scientific & Technical Proceedings）由美国科学信息研究所编辑出版。它主要收录全球范围内科技会议的会议论文，是科技会议文献的重要检索工具。

例如，虽然ISTP不直接对应某个具体的期刊，但它收录的会议论文往往来自各领域的顶级学术会议，如计算机领域的ACM

SIGGRAPH会议、生物医学领域的AAAS年会等。这些会议论文在各自领域内同样具有很高的学术价值。

6.Scopus（爱思唯尔Scopus数据库）

由爱思唯尔（Elsevier）公司运营的Scopus数据库是全球最大的文献摘要和引文数据库之一，收录了自然科学、技术、医学、社会科学、艺术和人文学科的期刊。Scopus提供了期刊的影响力指标，如CiteScore、SJR（SCImago Journal Rank）和SNIP（Source Normalized Impact per Paper）。近年来其在国内的认可度迅速提升，已被很多单位纳入考核和认可范围。

国内外核心期刊体系在学术出版界均发挥了重要作用，它们通过严格的评选标准和影响力，推动了学术研究的进步和发展。国内核心期刊体系在评选标准、周期和影响力上各具特色，而国外核心期刊体系以其国际性和权威性著称。无论是国内还是国外核心期刊，都对学术论文的质量和水平提出了高要求，成为学术界评价科研成果的重要标准。

三、对学术期刊的评价

对学术期刊的评价是学术界一个复杂且重要的过程，涉及多个维度和指标。对学术期刊的评价是衡量学术研究成果质量与影响力的重要手段。它不仅反映了期刊本身的学术水平和影响力，还间接体现了学者的学术贡献和声誉。通过对学术期刊的评价，学术界可以筛选出高质量的学术成果，促进学术交流和知识进步。

（一）学术期刊评价的主要维度

1.学术影响力

影响因子（impact factor，IF）：衡量期刊学术影响力的重要指标，通常根据期刊前两年发表论文的被引用次数与论文总数之比计算得出。影响因子越高，说明期刊的学术影响力越大。

被引频次：反映期刊自创刊以来的学术影响力，通过期刊论文被引用的总次数来衡量。

2.学术评审

学术评审评估期刊的审稿程序和机制，包括审稿人的水平和质量、审稿时间、审稿意见的专业性和准确性等。良好的学术评审能够确保期刊发表的论文具有较高的学术质量。

3.发表标准

评估期刊对稿件的发表标准和要求，包括是否有明确的学术主题和范围、是否注重原创性和学术质量等。严格的发表标准有助于提升期刊的整体学术水平。

4.学术声誉

评估期刊的学术声誉可以通过调查学术界对期刊的认可度、读者群体和发表的作者身份等方式。良好的学术声誉是期刊长期积累的结果，也是吸引高质量稿件的重要因素。

5.学术诚信

学术诚信是指评估期刊在防止学术不端行为方面的机制和措施，以及对作者和读者的保护措施。这是学术期刊赖以生存和发展的基础。

6.数据库收录情况

期刊是否被国际著名的学术数据库（如 SCI、SSCI、EI 等）收录，是评估期刊质量的重要指标之一。这些数据库通常对收录的期刊有严格的筛选标准，因此被收录的期刊往往具有较高的学术水平。

（二）其他评价指标

除了上述主要维度外，还有一些其他评价指标用于评估学术期刊的质量，例如：

平均引文率：反映期刊论文吸收他人学术思想的水平。

期刊他引率：测度期刊学术交流的广度、专业面的宽窄以及学科的交叉程度。

文献半衰期：测度期刊文献老化的速度。

获国家奖项情况：反映期刊论文的学术水平和应用价值。

基金项目论文比：测度期刊在学术交流中的地位。

外国作者论文数：测度期刊在国内外学术交流中的作用。

机构分布情况：反映期刊作者队伍的广泛性和开放性。

学术期刊的评价是一个综合考量多个维度和指标的过程。在选择期刊投稿或进行文献检索时，需要结合自己的研究领域和目的，综合考虑以上因素；同时，需要关注期刊的出版周期、国内外刊号、邮发代号等信息，以全面评估期刊的价值和水平。

第三节　学术论文投稿步骤与策略

一、学术论文投稿步骤

（一）选择合适的期刊

选择合适的期刊是学术论文写作的重要环节。在完成论文后，找到一个适合的期刊来发表论文是每位学者都希望实现的目标。

1.对自己的研究领域有清晰的了解

这是指了解自己的论文所属学科领域以及该领域具有重要影响力的期刊，首先考虑与研究主题和方法相关的期刊。

2.关注期刊的声誉和影响力

评估期刊的影响力可以通过查阅相关的学术排名、期刊的影响因子和被引用次数等指标。选择有影响力的期刊将促进研究成果得到认可并提高曝光率。

3.考虑期刊的发表周期和接受率

有些期刊发表周期较长，需要较长的等待时间，而有些期刊接受率较低，难以被录用。在选择期刊时，要兼顾发表周期和接受率，以确保研究成果尽快被他人阅读和引用。

4.详细阅读期刊的投稿指南和要求

每个期刊都有自己的投稿要求，包括论文格式、字数限制、引用格式等。确保自己的论文符合期刊的要求，有助于顺利通过初审并提高录用概率。

总之，选择合适的期刊需要综合考虑自己的研究领域、期刊的声誉和影响力、发表周期和接受率，以及期刊的投稿要求等因素。通过合理的选择，研究成果将更好地为学术界和社会所认可和接受。

例如，假设研究主题是"人工智能在医疗诊断中的应用"，作者可以选择如《中国医学计算机成像杂志》《人工智能科学与工程》等专注于该领域的期刊。

（二）准备论文

准备论文是学术研究中一个至关重要的环节，它要求作者将研究成果以系统、准确、清晰的方式呈现出来，以便同行评审和学术交流。在准备论文的过程中，要确保论文内容完整、准确、清晰，并符合期刊的投稿要求和格式要求。这包括论文的标题、摘要、关键词、引言、方法、结果、讨论、结论和参考文献等部分。

例如，按照所选期刊的格式要求，调整论文的格式，如字体、字号、行距、图表格式等，以确保论文的规范性和美观性。

总之，准备论文是一个需要耐心和细心的过程。只有经过反复修改和完善，才能确保论文的质量达到期刊的要求并顺利发表。

（三）撰写投稿信

投稿信是向期刊编辑介绍论文的重要部分，应包含论文的主旨、研究重要性、相关的背景信息、研究方法、结论以及原创性声明等。

例如："尊敬的编辑，我谨代表研究团队提交一篇题为《基于深度学习的人工智能模型在肺癌早期诊断中的应用》的论文。本文旨在探讨深度学习技术在肺癌早期诊断中的潜力和优势，通过大量的临床数据验证，我们提出了一种新的诊断模型，具有较高的准确率和临床应用价值。我们坚信本文的研究成果将对肺癌的早期诊断和治疗产生积极影响。特此投稿，望予以审阅。"

（四）提交论文

这是指按照期刊的投稿指南，通过在线投稿系统或邮件将论文和投稿信发送至期刊编辑部。部分期刊可能还需要提交一些额外的材料，如作者信息表、著作权转让协议等。

例如：登录期刊的官方网站，进入在线投稿系统，按照提示填写相关信息，上传论文和投稿信；确认无误后，点击"提交"按钮完成投稿。

（五）等待审稿与修改

论文提交后，需要等待期刊编辑部的审稿。审稿过程通常包括初审、复审和终审等环节。如果论文被接受或需要修改后再投稿，作者需要按照审稿意见进行相应的修改和完善。

例如：在收到审稿意见后，作者应认真阅读并逐一回应。对于需要修改的部分，作者应严格按照审稿意见进行修改，并附修改说明；修改完毕后，将修改稿提交给期刊编辑部进行再次审稿。

（六）公开发表

一旦论文被接受并完成所有发表手续（如签署著作权协议、支付发表费用等），论文将正式发表并被分发给读者和研究社区。

例如：作者按照期刊的要求完成发表手续后，论文将被编入期刊的相应期次中公开发表。同时，期刊会将论文的电子版上传至相关数据库供读者下载和引用。

二、学术论文投稿实用策略

（一）正确查询投稿刊物

1.明确投稿目标与领域

确定研究或创作属于哪个领域或学科，这有助于缩小查询范围，找到与所写内容相匹配的刊物。

2.利用学术搜索引擎和数据库

使用如百度学术、CNKI（中国知网）、万方数据等学术搜索引擎或数据库，输入关键词或主题进行搜索。这些平台提供了大量的学术期刊和会议论文等资源，可以帮助作者发现潜在的投稿目标。

例如，假设一位环境科学研究者想要投稿关于"气候变化与生态系统"的文章，他可以在百度学术中输入这些关键词，系统会列出相关的学术论文和期刊，从中筛选出与自己研究内容相近的期刊。

3.查阅期刊官网与目录

访问潜在投稿期刊的官方网站，查看其投稿指南、历史文章、作者指南等信息。这些信息有助于了解期刊的收稿范围、审稿流程、发表周期等。

例如：继续上面的例子，那位环境科学研究者可能找到了《环境科学研究》这本期刊。访问其官网后，他可以查看该期刊的投稿要求、审稿周期、影响因子等信息，以及最近几期刊载的文章，判断其是否适合他的投稿需求。

4.评估期刊质量与影响力

除了查看期刊的官方信息外，投稿者还可以通过阅读其他学者的评价、查看期刊的影响因子和引用次数等指标来评估期刊的质量和影响力。

例如：在评估《环境科学研究》期刊时，投稿者可以发现它在国内环境科学领域具有较高的知名度和较大的影响力，其影响因子也处于较高水平，这表明该期刊对论文的质量要求较高，具有较高的学术价值。

5.咨询同领域的学者或导师

投稿者可以向同领域的学者或导师咨询，了解他们对该期刊的看法和建议。他们的经验可以帮助投稿者更准确地判断期刊的适合度和投稿的难易程度。

例如，在准备投稿前，投稿者可以向导师或环境科学领域的其他学者咨询，了解他们对《环境科学研究》的看法。他们的反馈会让投稿者对该期刊有更深入的了解，并帮助他作出更明智的投稿决策。

6.准备投稿材料并遵循投稿指南

在确定投稿期刊后，投稿者根据期刊的投稿指南准备相应的投稿材料，如论文稿件、摘要、关键词、参考文献等，确保论文符合期刊的格式和要求。

例如，在准备向《环境科学研究》投稿时，投稿者需要仔细阅读该期刊的投稿指南，按照要求准备论文。这包括选择合适的论文类型、调整论文格式、准备图表和参考文献等。

（二）注重论文质量

注重论文质量是学术研究中至关重要的一个方面，它直接关系到研究成果的可信度、影响力和应用价值。

1.选题具有前沿性、创新性和应用价值

这要求作者广泛阅读相关文献，了解当前领域的研究动态和热点

问题，选择具有探索性和挑战性的研究题目。

例如，某研究团队在人工智能领域不满足于现有的深度学习模型在特定任务上的性能，选择开发一种新型的神经网络结构，旨在提升模型在复杂场景下的泛化能力和解释性。这样的选题不仅具有创新性，而且有望推动领域内的技术进步。

2.文献综述全面深入

文献综述是论文的重要组成部分，它要求作者对前人的研究成果进行全面的梳理、分析和评价。这有助于明确研究问题的背景和现状，为论文的进一步研究提供坚实的理论基础。

例如，在撰写一篇关于"绿色能源政策对经济发展影响"的论文时，作者通过查阅大量国内外相关文献，对绿色能源政策的发展历程、主要类型、实施效果等方面进行了全面深入的综述，为后续的实证研究奠定了坚实的基础。

3.研究方法科学合理

研究方法的选择和运用应基于研究问题的性质和目的，确保研究的科学性和合理性；同时，要注重数据的可靠性和有效性，采用多种方法对数据进行分析和验证。

例如，在社会科学研究中，某研究团队采用问卷调查法和深度访谈法相结合的方式，对某地区居民对于垃圾分类政策的认知、态度和行为进行了调查，通过统计分析软件对数据进行处理和分析，得出了具有说服力的结论。

4.论文结构清晰严谨

论文的结构应清晰明了、逻辑严密。其一般包括引言、文献综述、研究方法、结果分析、结论与展望等部分。每个部分都应紧扣主题，相互衔接，形成一个有机的整体。

例如，一篇高质量的论文在引言部分会明确研究问题的背景、意义和价值；在文献综述部分会对相关研究成果进行梳理和评价；在研究方法部分会详细介绍所采用的研究方法和数据搜集过程；在结果分析部分会对研究结果进行深入的分析和解释；在结论与展望部分会总结研究成果的主要观点和贡献，并指出未来可能的研究方向。

5.语言表达准确流畅

论文的语言表达应准确、流畅、简洁，避免使用模糊不清的词语和句式，确保读者能够准确理解作者的意图和观点。

例如，在撰写论文时，作者应注重语言的准确性和规范性。在描述实验结果时，应使用具体的数值和图表来支持观点；在阐述理论观点时，应引用相关文献进行论证和说明。同时，要注意语言的流畅性和可读性，避免冗长和复杂的句式结构。

综上所述，注重论文质量需要从选题、文献综述、研究方法、论文结构和语言表达等方面入手。只有全面考虑这些因素并付诸实践，才能撰写出高质量、有影响力的学术论文。

（三）积极回应审稿意见

积极回应审稿意见是学术论文投稿过程中非常关键的一环。它不仅能够展现作者对研究工作的严谨态度，还能有效促进论文质量的提升。

1.仔细阅读审稿意见

仔细阅读审稿人给出的每一条意见，确保全面理解其含义和关注点。注意审稿人提出的疑问、建议、批评或要求，这些都是改进论文质量的宝贵线索。

2.分类整理意见

将审稿意见进行分类整理，如分为需要修改的部分、需要解释说明的部分、无须改动但表示感谢的部分等，这样可以更有条理地处理每一条意见，避免遗漏或混淆。

3.逐条回应

对于每一条意见，作者都要给出明确、具体的回应。如果审稿人提出了修改建议，投稿者要说明自己将如何修改以及修改后的预期效果。如果审稿人提出了疑问或批评，投稿者要给出详细的解释或反驳，并提供相应的证据支持。

4.表达感谢

在回应审稿意见时，要始终保持礼貌和尊重。无论审稿人的意见是积极还是消极的，都要表达对他们的感谢和敬意。这有助于建立良好的学术关系，并可能在未来获得更多的合作机会。

5.修订论文

根据审稿意见和回应内容，投稿者要对论文进行修订和完善，确保所有修改都符合学术规范和期刊要求；修订完成后，再次仔细检查论文，确保没有遗漏之处或错误。

例如，假设投稿者提交了一篇关于"人工智能在医疗诊断中的应用"的论文，审稿人给出了如下意见："请详细说明你在实验中如何确保数据集的平衡性，以避免对实验结果产生偏差。"投稿者可作如下回应：

尊敬的审稿人：

非常感谢您对我论文的细致审阅和宝贵意见。关于您提到的数据集平衡性问题，我们已经在实验设计中充分考虑了这一点，并采取了以下措施来确保数据集的平衡性：

1.数据搜集

在搜集数据时，我们尽量确保各类疾病样本的数量相当，避免出现某一类疾病样本过多或过少的情况。

2.数据预处理

在数据预处理阶段，我们对数据集进行了详细的统计分析，以评估各类疾病样本的分布情况。如果发现某类疾病样本数量明显偏少，我们会尝试通过数据增强（如旋转、缩放、裁剪等）或重新搜集数据来增加其数量，以保持数据集的平衡性。

3.实验设计

在实验设计中，我们采用了交叉验证等策略来进一步减少数据集不平衡对实验结果的影响。通过多次随机划分训练集和测试集，我们可以评估模型在不同数据集上的表现，并取平均值作为最终结果。

综上所述，我们已经在实验设计中采取了多种措施来确保数据集的平衡性，以避免对实验结果产生偏差。我们相信这些措施能够有效地增强实验的可靠性和准确性。

再次感谢您的宝贵意见，并期待您的进一步指导。

此致

敬礼！

[作者姓名]

[作者职位/单位]

[日期]

（四）建立良好的学术声誉

良好的学术声誉有助于提升论文的接受率。建立良好的学术声誉是每位学者或研究人员的重要目标，它不仅关乎个人职业发展，也直接影响到研究成果的认可度和影响力。

1.高质量研究成果

核心要素：发表有影响力的学术论文、参与或主持重要研究项目。

例如，假设一位环境科学领域的研究员通过深入调查提出了关于全球气候变化新机制的理论，并在《自然》或《科学》这样的顶级期刊上发表了相关论文，那么这样不仅为他赢得了国际同行的关注，还为他的学术声誉奠定了坚实的基础。

2.持续学习和创新

核心要素：紧跟学科前沿，不断探索新的研究方向和方法。

例如，在人工智能领域，一位教授持续关注深度学习技术的最新进展，并成功将其应用于自然语言处理中，提出了一种新的算法模型，显著提高了文本分类的准确率。这一创新不仅推动了领域的发展，也极大地提升了他在学术界的声誉。

3.学术交流与合作

核心要素：积极参加学术会议、研讨会，与国内外同行建立广泛的联系和合作。

例如，某社会学家定期参加国际社会学年会，在会上分享自己的研究成果，并与其他学者进行深入的讨论和交流。通过这些活动，他不仅拓宽了研究视野，还建立了跨国的学术合作网络，进一步提升了自己的学术声誉。

4.教学贡献

核心要素：培养优秀的学生，编写高质量的教材等。

例如，一位经济学教授不仅在教学上投入大量精力，还编写了多部广受好评的经济学教材。他的学生们在他的指导下取得了显著的学术成就，其中不乏在国际顶级期刊上发表论文的佼佼者。这些成就不仅证明了他的教学水平，也进一步提升了他的学术声誉。

5.诚信与责任

核心要素：在学术研究中坚持诚信原则，对研究成果负责。

例如，在面对复杂的数据分析和实验结果时，一位生物医学研究者始终保持严谨的态度，不夸大实验结果，不隐瞒任何可能的偏差或限制条件。他的这种诚信精神赢得了同行的高度评价，也为他的学术声誉增添了光彩。

综上所述，建立良好的学术声誉需要学者们在多个方面付出努力，包括发表高质量的研究成果、持续学习和创新、积极参与学术交流与合作、作出教学贡献以及坚持诚信与责任等。这些努力不仅有助于提升个人在学术界的地位，也有助于推动整个学科的发展和进步。

素养园地

"写霸" 都是勤奋炼成的

访谈嘉宾：

缪　徐　江苏省苏州高新区实验初级中学教育集团教师培训中心主任、正高级教师、化学特级教师，江苏省教科研先进教师，先后主持或作为主要核心成员参与 10 多项省、市教育科学规划课题研究。

郭跃辉　广东省中山市教育教学研究室初中语文教研员、高级教师，主持中山市重点课题 2 项，广东省初中语文专项课题 2 项，著有《还原文本》。

《中国教师报》：写作有一个过程，就是修改。您二位通常是怎样修改文章的？修改时应该注意哪些问题？

缪徐：文章的修改次数视情况而定，正常情况下要修改 3~5 次；如果遇到编辑部的退修稿，修改的次数还会更多。

文章修改要抓住重点，同时要注意细节。文章修改的重点有：题目或小标题是否新颖简洁；文章立意、理念是否符合当下教学改革要求、体现核心素养的教学导向；结构是否严谨完整；素材能不能佐证观点。文章修改的细节有格式是否规范、行文是否通顺、有无错别字；如果有可能，也可以汲取旁观者的智慧。

郭跃辉：写完论文进行修改，最多只能发现错别字和病句，自主修改的效果不好。为了解决这个问题，我组织了一些教师开展"论文研磨"活动。具体操作方法是：根据文体要求完成论文后，成员按照学科或学段组成"五人小组"，每个月抽半天时间进行集体研讨，每个人都要针对他人论文提出修改意见，包括选题、立意、论证、结构、字句、格式等。然后，作者根据他人的意见修改自己的论文，再进行投稿。为了确保修改的质量，我们还制作了"教研论文修改与评价量表"。

《中国教师报》：在写作道路上，他人的指导占怎样的地位？两位老师除了日常工作之外，还主持课题研究、出版著作、发表文章，是怎样有效利用时间的？

缪徐：他人指导在写作中有作用，但这种作用主要体现在写作兴趣的激发、写作意识的提高以及摸索时间的缩短等方面，不能占主体地位。我以为，一线教师写作能力的提升主要还是靠自己，靠自己的学习、借鉴、历练、坚持。一线教师群体中没有天生的"写霸"，几乎所有的"写霸"都是由勤奋炼成的。

时间的有效利用无非靠两个字："巧"和"挤"。所谓"巧"，就是将自己的教学工作和研究、写作巧妙结合起来，做到"教—研—写"一体化。所谓"挤"，就是合理安排自己的业余时间，适当控制节假日的"休闲度"，让阅读、思考、写作走进自己的假日生活。

郭跃辉：他人的专业指导很重要，如本学科的专家、期刊的编辑等，但不能代替自己的学习与研究。我曾经提出过"最好的培训是自我学习"的观点，自己进行专业阅读，自己发现问题、总结经验，自己查找文献资料，模仿优秀论文进行写作，这是提升论文写作水平的最主要途径。至于时间安排与利用，我坚持的理念是"时间不是挤出来的，而是统筹出来的"，只要对工作和业余时间进行统筹安排，会有很多时间进行专业学习。例如，我一般是工作日晚上抽一个小时进行专业阅读，周末抽一些时间进行随笔写作，平时工作或假期有整块的时间，就用来写论文。

《中国教师报》：两位老师在专业写作过程中曾经遇到过哪些困境？又是怎样克服的？

缪徐：在专业写作过程中，我也曾遇到无感可发、无文可写的困境。这时，我主要做以下几件事：回顾近一段时间的教学，检索、汇总零散的教学心得；阅读专业期刊，从期刊的阅读中开脑洞、觅灵感；开展教学创新，从实践中探寻写作源泉。用好上述三招，枯竭的"文思"会从大脑中涌现出来。

既然选择了当教师，就应该学会写作；既然选择了写作，便只顾风雨兼程，因为所有的写作人都坚信——阳光总在风雨后。

郭跃辉：写作的要义在于坚持，偶发式、应景式、心血来潮式的写作都不能真正促进教师专业成长。我每年坚持写30万字的教育随笔，坚持写20篇专业论文，坚持读50本专业著作，历时10年才感觉自己在专业上有所提升。写作遇到的最大困境只有一个：难以坚持。突破困境的方法没有别的，只有让坚持成为习惯，做一个"笨拙的长期主义者"。

资料来源：宋鸽. 教育实践如何转化为专业写作［N］. 中国教师报，2022-10-26（8）.

【价值塑造】

使学生明白"好论文是改出来的"，引导学生在学术论文写作过程中持续投入时间和精力，不断修改，精益求精。

阅读与思考

读博发论文：屡投屡拒，屡拒屡投

"我在读博5年期间，一共收到13封拒稿信；从2017年到2020年，我投出4篇文章。从会议到期刊，从顶会到一般，屡投屡拒，屡拒屡投。"这是邵帅曾经充满了打击与挫败的读博经历。

如今，邵帅已经成为中国科学技术大学（以下简称中科大）计算机学院特任教授、博士生导师。我们来听听邵帅讲述自己摆脱"不被认可""自我否定"的心路历程。

一、屡投屡拒，屡拒屡投

2016年，我的第一个研究成果是在读博第一年暑假开始着手做的。在威斯康辛大学麦迪逊分校计算机系教授蔡进一（我的导师）和来自东北师范大学的访问学者付治国老师的指导下，我得到一个让自己觉得很漂亮的结果。随后，我就开始着手写文章。这个过程花费了很多的精力，来来回回地思考怎么合理证明结构，并力求让证明简洁漂亮。

我在准备第一篇论文的同时，还面临着很大的课业压力。由于本科学的是数学专业，没有多少计算机基础，所以我上那些需要编程之类的课还是很耗精力的。另外，我还需要做助教工作，几乎是挤时间敲论文。还记得有一天凌晨三四点，我把文章最关键的一个引理——11页的证明敲完时，顶着雪花往回走时，突然觉得这雪飘得好温柔，这也正是科研带来的发自内心深处的愉悦感和充实感。

转眼到2017年2月，文章差不多写好了。其间导师也非常用心地帮我一步步检查，给我写了密密麻麻的修改意见，从证明结构到单词语法，很让我感动。就在我自信满满地把论文投出两个月后，我收到了第一封拒稿通知。对此，导师都有点惊讶，我倒是安慰自己："第一次投稿，写得仓促了些，改改再投就好。"从当时的评审意见上来看，文章没有什么硬伤，就是有编委觉得研究比较冷门。其中有一个编委提到"less interesting"（不太有趣）。最初我并没有意识到这个词的严重性，结果就是在此后的投稿中我一次又一次地被其"蹂躏"。

第一次被拒稿后，我开始对这篇文章作了细致的修改，又投了出去。这次我们都觉得肯定能中了。然而，文章又一次被拒了，我感到有点失落。之后，我在导师的指导下精修了准备投顶会的10页版本。别人可能在两次被拒后，会选择低一档的会议投稿，我却不走寻常路，越挫越勇，投递的会议档次越来越高，可能也是真心觉得自己做的这个结果还不错吧！当然，导师也一直给予我很大的信心。这次我们把之前评审的每一个很小的意见都照顾到，还画了一些图来说明我们的结果。导师还给写下了一句话："The world would have no justice if this gets rejected."（如果这个被拒，世界就没有公平了）。

然而，这篇文章还是被无情地拒了。这一次被拒让我开始产生一种挫败感。一位编委甚至只给出了2分。我觉得这位编委可能没有看我的文章，他只是觉着我们的工作没意思，都是机械性的证明。他不是通过阅读文章来评判我们的工作质量，而是基于他个人的学术品位，从根本上否定了我们工作的意义。这个2分对我的打击很大，当时甚至萌生了放弃的念头：要不就随便投一个吧，能发出来就行。

那时候，导师给予了我很大的鼓励。在他的支持下，我又投出去3篇文章，仍然难逃被拒绝的厄运，理由也是一样——less interesting。

二、自我怀疑读博读"废"了？

面对论文一次次被拒的情况，我不可避免地再次产生一种挫败感，其一点点地消磨我对科研的热情。整整一年时间，我在科研工作上没有任何进展，每天去了办公室，就把自己屋门锁上，躲着导师和同学。与此同时，我又在一遍遍地修改自己被拒的文章，重新再投。

在不断的被拒过程中，时间来到了我读博的第四年，其间我在一个主要问题上卡住很久。我很清楚自己处于不断颓废中，随之而来的还有深深的自我否定。

就在读博第四年快结束的时候，按要求我必须准备博士论文开题报告了。但我不敢主动找导师，因为自己一篇文章都没有发表，担心自己不够格，最后还是导师催促我抓紧准备博士论文开题报告。

这时，曾经的本科同学纷纷传来好消息。有人找到了不错的工作，有人结婚生子了，大多在事业或家庭上开启了自己人生新的篇章。因此，我开始怀疑自己是不是读博读"废"了？自己曾经也是一个非常有信心的人，但我逐渐失去这项最宝贵的东西。

三、让我坚持下来的原因只有一个

在挣扎的最后关头，我迎来"柳暗花明又一村"。2020年4月15日，那是我博士第五年即将结束的一个夜晚，我终于把自己在博士研究生阶段卡了最久的一个问题解决了，并把论文投递出去。第二天醒来，我打开邮箱收到了两封论文被接受的通知。2020年上半年，我不仅读博期间的5篇文章全发出来，其中两篇中了FOCS/SODA（IEEE计算机科学基础年度研讨会/ACM-SIAM离散算法研讨会），而且我顺利拿到博士学位，还在牛津大学找到了一份博士后工作。其中最让我开心的是我投的第一篇也是被拒次数最多的论文，终于被接受了，而且是在我博士答辩的当日凌晨！这可以算是我整个博士研究生阶段最开心的一刻，虽然这份开心来得太不容易。

回望自己走过的10年科研路，真正让我坚持的原因只有一个——我喜欢科研，做科研能给我带来快乐。

2013年，大三快结束时，我遇到了本科导师——中科大教授胡红钢。在他的指导下，我有两篇文章发表于 *IEEE TIT*。这段经历不仅为我后来从事科研工作打下了基础和决心，也让我从数学转到理论计算机方向，并最终申请到了不错的学校。

读博期间，我研究的方向是理论计算机科学，具体是计算复杂性理论。其中最基本的问题是："为什么有些问题计算起来简单，有些问题计算起来难？这些问题之间的难易关系是怎么样的？"当我把一个问题解决完，写出了完整的证明，也许别人会觉着没意思，但我能陶醉其中。阅读一篇证明，就如同在欣赏一首音乐、观赏一幅画，是一种对美的享受。

希望我的经历能给现在处于焦虑和惶恐的科研"青椒"们带来鼓励，面对挫折不要轻言放弃。"亦余心之所善兮，虽九死其犹未悔。"

资料来源：邵帅. 读博发论文：屡投屡拒，屡拒屡投〔N〕. 中国科学报，2022-05-25.

思考题： 邵帅的论文投稿与发表经历对你有何启发？

复习与思考

1. 学术语言具有哪些特点？
2. 学术论文写作中的常见问题有哪些？

主要参考文献

［1］ SPARROWE R T, MAYER K J. Publishing in AMJ-Part 4: grounding hypotheses ［J］. Academy of Management Journal, 2011, 54 (6): 1098-1102.

［2］ BONO J E, MCNAMARA G. From the editors: publishing in AMJ-Part 2: research design ［J］. Academy of Management Journal, 2011, 54 (4): 657-660.

［3］ VENKATESH V, ZHANG X J, SYKES T A. Doctors do too little technology: a longitudinal field study of an electronic healthcare system implementation ［J］. Information Systems Research, 2011, 22 (3): 523-546.

［4］ HANNAFEY F T. Entrepreneurship and ethics: a literature review ［J］. Journal of Business Ethics, 2003, 46 (2): 99-110.

［5］ GHEMAWAT P. Competition and business strategy in historical perspective ［J］. Business History Review, 2002, 76 (1): 37-74.

［6］ VENKATESH V, DAVIS F D. A theoretical extension of the Technology Acceptance Model: four longitudinal field studies ［J］. Management Science, 2000, 46 (2): 186-204.

［7］ MINTZBERG H, LAMPEL J. Reflecting on the strategy process ［J］. Sloan Management Review, 1999, 40 (3): 21-30.

［8］ TSUI A S, TRIPOLI A M. Alternative approaches to the employee-organization relationship: does investment in employees pay off? ［J］. Academy of Management Journal, 1997, 40 (5): 1089-1121.

［9］ ARCHIBUGI D. The economics of innovation and technological change: two handbooks and two masters ［J］. International Review of Applied Economics, 1997, 11 (2): 303-308.

［10］ SHELANSKI H A, KLEIN P G. Empirical research in transaction cost economics: a review and assessment ［J］. Journal of Law, Economics &

Organization，1995，11（2）：335-361.

［11］PORTER H. Recent developments in empirical industrial organization ［J］. Journal of Economic Education，1994，25（2）：149-161.

［12］EISENHARDT K M. Building theories from case study research ［J］. Academy of Management Review，1989，14（4）：532-550.

［13］DAVIS F D. Perceived usefulness，perceived ease of use，and user acceptance of information technology ［J］. MIS Quarterly，1989，13（3）：319-340.

［14］EISENHARDT K M. Agency theory：an assessment and review ［J］. Academy of Management Review，1989，14（1）：57-74.

［15］LENGNICK-HALL C A，LENGNICK-HALL M L. Strategic human resources management：a review of the literature and a proposed typology ［J］. Academy of Management Review，1988，13（3）：454-470.

［16］约翰逊，克里斯滕森. 教育研究：定量、定性和混合方法 ［M］. 马健生，等译. 重庆：重庆大学出版社，2015.

［17］教育部社会科学委员会学风建设委员会. 高校人文社会科学学术规范指南 ［M］. 北京：高等教育出版社，2009.

［18］邱皓政. 量化研究与统计分析——SPSS中文视窗版数据分析范例解析 ［M］. 重庆：重庆大学出版社，2009.

［19］潘懋元. 高等教育研究方法 ［M］. 北京：高等教育出版社，2008.

［20］爱因斯坦. 物理学的进化 ［M］. 周肇威，译. 长沙：湖南教育出版社，2007.

［21］王力，朱光潜，等. 怎样写论文——十二位名教授学术写作纵横谈 ［M］. 沈阳：辽宁教育出版社，2006.

［22］江新华. 学术何以失范：大学学术道德失范的制度分析 ［M］. 北京：社会科学文献出版社，2005.

［23］徐融. 毕业论文写作：文科类 ［M］. 北京：中国商业出版社，2002.

［24］朱浤源. 撰写博硕士论文实战手册 ［M］. 台北：正中书局，1999.

［25］文海荣，佟永年，姜性善. 毕业论文写作指导 ［M］. 沈阳：辽宁教育出版社，1991.

［26］坂田昌一. 新基本粒子观对话 ［M］. 张质贤，译. 北京：生活·读书·新知三联书店，1973.

［27］贝尔纳. 科学研究的战略 ［C］//中国社会科学院情报研究所. 科学学译文集. 中国社会科学院情报研究所，译. 北京：科学出版社，1980.

[28] 穆怀中. 人口老龄化、延迟退休与经济增长 [J]. 中国软科学, 2024 (5)：70-79.

[29] 唐珏, 郭长林. 个税减免与企业薪酬策略 [J]. 管理世界, 2024, 40 (5)：71-91.

[30] 于淼, 刘铭基, 赵旭. 企业数字化转型需要什么样的"领航员"：基于机器学习方法的考察 [J]. 中国软科学, 2024 (5)：173-187.

[31] 盖庆恩, 赵文铖, 王美知, 等. 农民工与城镇职工的职业趋同：基本事实与影响机制 [J]. 管理世界, 2024, 40 (4)：138-157.

[32] 张云, 吕纤, 韩云. 机构投资者驱动企业绿色治理：监督效应与内在机理 [J]. 管理世界, 2024, 40 (4)：197-221.

[33] 程名望, 韦昕宇. 合同约束力、劳动保护制度与农民工福祉——以上海市为例 [J]. 管理世界, 2024, 40 (3)：147-161.

[34] 刘虎沉, 王鹤鸣, 施华. 智能质量管理：理论模型、关键技术与研究展望 [J]. 中国管理科学, 2024, 32 (3)：287-298.

[35] 刘善仕, 玉胜贤, 刘嫦娥. 促进还是抑制？平台算法控制对零工工作者在线工作时长的双刃剑效应研究 [J]. 商业经济与管理, 2023 (5)：17-28.

[36] 吴沁倩, 钟艳如, 杨蒨, 等. 大学生创业企业个案研究与启示——以游卡桌游为例 [J]. 技术与市场, 2022, 29 (7)：29-31.

[37] 张小林. 国外体育迷研究的热点、网络与趋势——基于 Web of Science 核心数据库 (1975—2019) 的知识图谱分析 [J]. 成都体育学院学报, 2020, 46 (5)：43-50.

[38] 郭云贵, 陈俊. 新生代农民工"技能荒"破解策略探究 [J]. 北方经济, 2019 (8)：65-68.

[39] 赵昕东, 李翔. 流动人口女性个体的生育间隔影响因素研究——基于2016 年全国流动人口动态监测调查数据 [J]. 统计研究, 2018, 35 (10)：69-80.

[40] 王彤, 黄希庭. 心理学视角下的人生目标 [J]. 心理科学进展, 2018, 26 (4)：731-743.

[41] 兰公瑞, 李厚仪, 盖笑松. 人生目的：一个能预示积极发展的心理结构 [J]. 心理科学进展, 2017, 25 (12)：2192-2202.

[42] 崔建军. 论文文献综述的地位、写作原则与写作方法——以经济学专业论文写作为例 [J]. 唐都学刊, 2014, 30 (5)：117-121.

[43] 徐世勇, HUANG, 张丽华, 等. 中国工人罢工的四方层级解决机制：

基于案例研究的一种新诠释 [J]. 管理世界, 2014 (4): 60-70.

[44] 孙立会. 博士学位论文开题报告的几点思考 [J]. 中国研究生, 2013 (4): 36-39.

[45] 孙彦玲, 杨付, 张丽华. 创造力自我效能感与员工创新行为的关系: 一个跨层分析 [J]. 经济管理, 2012 (11): 84-92.

[46] 杨付, 王桢, 张丽华. 员工职业发展过程中的"边界困境": 是机制的原因, 还是人的原因? [J]. 管理世界, 2012 (11): 89-109.

[47] 杨付, 张丽华. 团队沟通、工作不安全氛围对创新行为的影响: 创造力自我效能感的调节作用 [J]. 心理学报, 2012, 44 (10): 1383-1401.

[48] 杨付, 张丽华. 团队成员认知风格对创新行为的影响: 团队心理安全感和工作单位结构的调节作用 [J]. 南开管理评论, 2012, 15 (5): 13-25.

[49] 秦宇, 郭为. 管理学文献综述类文章写作方法初探 [J]. 外国经济与管理, 2011, 33 (7): 59-65.

[50] 彭荣础. 思辨研究方法: 历史、困境与前景 [J]. 大学教育科学, 2011 (5): 86-88.

[51] 孙东川. 与博士学位论文选题"白头偕老"——寄语青年学子和他们的导师 [J]. 学位与研究生教育, 2010 (12): 6-10.

[52] 周毅. 研究生学位论文选题原则及方法 [J]. 学位与研究生教育, 2009 (10): 34-41.

[53] 龙龙. 久蹲鸡房观下蛋——英国动物学家珍妮·古多尔的故事 [J]. 今日小学生, 2007 (12): 8-10.

[54] 胡鞍钢. 实施就业优先战略, 为人民提供更多的工作岗位 [J]. 改革, 2001 (1): 29-33.

[55] 陈淮. 就业优先: 战略调整的必然选择 [J]. 中国经济问题, 1999 (3): 15-17.

[56] 张向鸿. 中国党政领导干部选拔任用制度研究 [D]. 北京: 中共中央党校, 2014.

[57] 陈鹏. "数"说 2023 年全国教育事业发展 [N]. 光明日报, 2024-03-02 (4).

[58] 都芃. 利用人工智能代写学位论文或被撤销学位 [N]. 科技日报, 2023-08-29 (2).

[59] 刘爱生. 从"负责任"的视角理解高质量科研成果 [N]. 中国教育报, 2023-04-10 (7).

［60］胡海波．努力建构中国自主的知识体系［N］．中国社会科学报，2022-06-28（8）．

［61］习近平．在科学家座谈会上的讲话［N］．人民日报，2020-09-12（2）．

［62］原平方．本科毕业论文不是"鸡肋"，而是必需［N］．新京报，2018-04-23（A4）．

［63］宁川．数字经济时代的历史性机遇，中国提出新一代世界级管理理论［EB/OL］．（2019-12-17）［2024-04-02］．https://k.sina.com.cn/article_5508560531_14855f69300100orev.html.

［64］姜葳．中国工程院副院长总结13种学术不端行为［EB/OL］．（2009-10-16）［2024-04-30］．https://news.ifeng.com/mainland/200910/1016_17_1389688.shtml.

附 录

工商管理学科本科毕业论文范例

威权领导对90后员工离职意向的影响：自我损耗的中介作用①

学生：熊艺萱

指导老师：郭云贵

摘 要：基于自我损耗理论与资源保存理论，探讨威权领导与90后员工离职意向的关系，并考察自我损耗在其中的中介效应。笔者向河南两家公司的90后员工发放问卷，搜集到287份有效问卷，使用 SPSS 26.0 和 Mplus 7 软件进行回归分析、Bootstrap 分析等，检验相关假设。研究结果表明：威权领导、自我损耗及90后员工离职意向呈两两显著正相关；自我损耗在威权领导和90后员工离职意向之间起部分中介作用。未来应注重转变管理方式和减轻员工自我损耗，以达到改变员工离职意向的目的。

关键词：威权领导；自我损耗；离职意向；自我损耗理论；资源保存理论

---

① 此文主体部分已发表，参见：郭云贵，熊艺萱. 威权领导对90后员工自我损耗、离职意向的影响［J］. 龙岩学院学报，2024，42（4）：95-101.

第1章 引言

　　近年来，人力资源对中国经济发展的助推作用日益凸显。减少高质量人才流失不仅可以减轻企业招聘培训等方面的成本压力，还有利于增强企业核心竞争力，助推企业可持续发展。然而，数据表明在人才市场中占重要地位的90后员工离职率一直居高不下。比如，《人民日报》发文称90后"毕业生就业半年内离职率超三成，不就业占比增长"[1]，智联招聘也在《2019职场人年中盘点报告》中指出90后裸辞意向远超其他代际[2]，引发众人对90后高离职率现象的关注和议论。90后员工极富主见又情绪激昂，面对职场不公或其他问题容易产生激烈的负面情绪反应，进而降低工作主动性和积极性，产生离职意向乃至离职行为。而员工离职会加剧企业人力资源流失，导致企业管理成本攀升。因此，降低90后员工离职意向、保持90后员工队伍的稳定性是企业发展必须面对的问题，也是学术界研究的重点。

　　员工离职意向被认为是预测离职行为的最优指标。在研究员工离职意向的前因时，领导风格作为一个重要的因素不可避免被提及。Cheng、Chou 和 Farh 基于华人文化提出了集德行、威权和仁慈三维于一体的家长式领导理论。[3] 以往学者多将家长式领导作为整体考察，如赵新元等探讨了其对医护人员离职意向的影响[4]。此外，也有学者对威权领导的独立影响作用进行了研究，但得出的结论存在差异。这表现在有研究证明威权领导可以正向预测离职意向[5]，但也有研究发现威权领导对离职意向的影响并不显著[6]。威权领导风格作为对东方领导者风格的形象概括，具有鲜明的中国特色，因此本研究选择通过实证分析进一步检验其对90后员工离职意向的影响。此外，研究表明，自我损耗具有重要的研究价值，员工自我损耗导致其自控失败从而影响积极情绪和工作绩效的现象也引发了组织管理领域的广泛关注，但自我损耗在威权领导与90后员工离职意向间的作用还有待深入探究。因此，本研究基于自我损耗理论和资源保存理论，考察威权领导与90后员工离职意向之间的关系，并探讨自我损耗在其中的中介作用，以期为后续研究及企业管理实践提供借鉴。

第2章　文献回顾

2.1　90后员工

以十年为指标划分年龄段，90后代表的是出生于1990—1999年的年轻人。如今绝大部分90后已进入劳动力市场，在公司中担任职员乃至经理等高级管理职务，逐渐成为社会的中流砥柱。学者对90后员工的探究主要集中在特征、激励与管理、创新行为等方面，对离职意向的考察较少。研究表明，90后员工在思想和行为特征方面与其他代际存在较大差异。[7]受时代背景影响，繁荣发达的经济、民主开放的教育以及倾斜的家庭资源孕育了90后员工独特的特点，包括自主性强、民主平等意识强、心理承受能力弱、高自尊和忠诚度低等。[7]于管理而言，朱国华提出对90后员工的管理应以激励为主[8]；房志永和于淼认为应将重点放在满足员工能力、自主和关系需要之上[9]，从而提高员工的工作满意度。此外，针对90后员工创新行为的研究发现，资质过剩或工作卷入过低会减少其创新行为从而阻碍企业发展[10]，建议组织在招聘和培养人才时，不应盲目追求高标准，而应注重员工的创新和学习能力。

2.2　威权领导

威权领导是家长式领导"三元模型"中极具特色的重要成分之一，它是指领导者强调自己拥有绝对权威，能支配员工并要求员工无条件服从命令的一种领导风格。[3]威权领导通常表现出专权作风、教诲行为、贬抑下属、形象整饰等特质。[3]研究表明，威权领导的消极作用显著。一方面，威权领导会降低领导-成员交换关系的质量，导致员工产生逆反情绪、反生产行为、越轨行为和心理契约违背，最终导致组织绩效降低并造成不可挽回的损失。[11, 12]另一方面，威权领导会降低员工睡眠质量，导致员工注意力下降和健康受损。[13]当然，威权领导也有一定的积极影响。如在高不确定性规避的情境下，威权领导会提高员工自我效能从而促进员工帮助行为，有助于企业在危机环境下仍能有较高的绩效水平。[14]

2.3　离职意向

离职意向是指员工离开组织的意愿，包括寻找其他岗位或雇主的意图。学者们对离职意向的前因进行了广泛研究，研究成果包括个人、组织以及外部因素等方面。研究发现，员工自身心理契约违背、劳资冲突、工作倦怠等因素会增加其离职意向，而提高员工生涯适应力以及心理契约对减少离职意向有积极作用。[15-17]离职意向还受组织因素影响，比如强制性组织公民行为超过一定阈值后会增加员工离职意向，而组织职业生涯管理与离职意向负相关。[18, 19]从外部因素的角度看，职场负面"八卦"等因素会影响员工的工作态度与行为，从而对员工离职意向产生显著负向影响。[20]

2.4　自我损耗

个体执行自我控制等自我活动会消耗心理资源或能量，导致执行能力或意愿下降，此过程即自我损耗。[21]已有研究指出自我损耗消极作用显著，会导致个体过于看重短期收益而忽视长期收益，影响个体利益偏好从而使个体作出不理性决策。[22]此外，更多的研究则是将自我损耗作为中介或调节变量，探讨其作为边界条件的影响。有研究指出，自我损耗在领导风格和个体行为间存在中介或调节效应，例如自我损耗在辱虐管理和建言行为间发挥中介作用[23]；在道德型领导和建言行为之间起调节作用[24]。

第3章　假设提出与模型构建

3.1　威权领导与自我损耗的关系

自我损耗理论认为：

（1）个体实施各种自我控制活动包括意志行为都需要消耗心理资源或能量。

（2）这种资源并非无限，在一定时间内总体水平受限制，但是后续可再生。

（3）个体无论实施何种自我控制活动，使用的资源都是相同的。

（4）个体拥有资源的多少是自我控制活动成败的关键。拥有的资源越少，在自我控制中越容易失败。

（5）资源消耗后需要时间恢复。[25]

自我损耗理论是一种心理学理论，近年来被引入组织管理领域。有学者基于该理论进行研究，发现悖论式领导会引发管理者的自我损耗从而对工作旺盛感产生负面影响。[26]

威权领导风格与员工的自我损耗密切相关，上级崇尚权威在一定程度上会加剧员工资源损耗。

首先，威权领导者往往采取强制性管理方式，要求员工不得质疑和违抗命令。尽管这能帮助员工明确工作目标，但若员工被要求处理自身能力或工作职能以外的任务，就需要耗费额外的资源从而引发员工自我损耗。

其次，威权领导者在与员工沟通过程中常常严词厉色，这会引发员工消极情绪，为平复情绪员工不得不耗费更多的资源。

最后，威权领导者还常常作出贬抑员工的行为，这会降低员工的自我效能感。员工想要提升自我效能就需要消耗更多的资源，进而加剧自我损耗。

综上所述，本研究提出假设：

H1：威权领导会对自我损耗产生显著正向影响。

3.2　威权领导和90后员工离职意向的关系

资源保存理论指出资源损失对个体造成的压力作用甚大，个体可用资源以加速度减少并无法补充时将形成损失漩涡，个体资源耗尽会导致个体不理性行为。[27] 基于资源保存理论，威权领导会在很大程度上增加90后员工的工作压力和不满情绪，使员工资源消耗呈量级增长。而经历资源损失的员工由于难以进行有效的资源投资活动，以至于阻止资源损失的难度更大，工作压力进一步增加。在持续过高的压力情景下，员工工作满意度和归属感逐渐降低并引发离职意向。[28] 此外，威权领导者作为工作压力的重要来源会影响90后员工的资源保存决策。90后员工感受到工作压力时会减少资源付出。具体而言，当领导的行为举止（如过度压迫和不公平行为）与90后员工期望不符时，90后员工可能减少资源投入，并萌生离职意向。务凯、张再玄和李永鑫也发现威权领导可以正向影响离职意向。[5] 这与上述推论方向一致。

综上所述，本研究提出假设：

H2：威权领导会对90后员工离职意向产生显著正向影响。

3.3 自我损耗与90后员工离职意向的关系

根据自我损耗理论，员工在进行自我活动时需要耗费资源，并且资源的丰裕程度会影响后续自我活动的效果。已有研究表明，自我损耗会减少员工的组织承诺。[29] 若90后员工在工作过程中资源消耗过多乃至殆尽，会使其无法维持高水平的组织承诺从而产生离职意向。此外，自我损耗还会降低员工的自我效能感[30]，自我效能过低也会引发员工离职意向和离职行为。同时，90后员工自我损耗会导致其缺乏足够的资源支撑自己实现工作目标，进而无法满足其自我实现和发展的需求。这会进一步降低90后员工对工作和组织的满意度，引发离职意向。He和Wei通过对中国农村幼儿教师的实证调查，也得出自我损耗会正向影响教师离职意向的结论。[20]

综上所述，本研究提出假设：

H3：自我损耗会对90后员工离职意向产生显著正向影响。

3.4 自我损耗的中介作用

资源保存理论认为，资源可分为人格特质资源（自尊、自我效能）、能量资源（社会支持）、物质资源（金钱）和条件资源（地位）。[31] 根据自我损耗理论，90后员工在威权情境下执行所有活动都需要运用数量有限的资源，并且个体持有资源的多少将对任务成败起决定性作用。

基于以上两种理论，本研究认为自我损耗在威权领导和90后员工离职意向之间起中介作用。一方面，威权领导者贬损、惩处90后员工的行为会严重损害其自尊，消耗员工人格特质资源并引发自我损耗。而人格特质资源不足会导致员工工作表现不佳，降低员工自我效能感从而引发离职意向。另一方面，威权情境下管理者高度集权，组织向90后员工提供的条件资源（如地位等）难以满足其需求，从而使员工产生不满情绪。同时，威权领导会增加90后员工的工作压力，资源不足则使得90后员工无法承受过大的压力，进而增强员工离职意向。

综上所述，本研究假设：

H4：自我损耗在威权领导与90后员工离职意向之间起中介作用。

综上，构建如图1所示的研究模型。

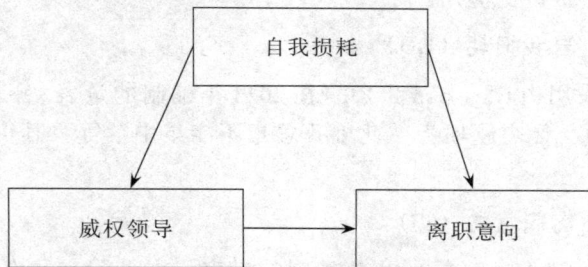

图1　研究模型

第4章　研究方法

4.1　研究样本

采用问卷调查方法，笔者向河南两家网络科技公司的90后员工发放纸质问卷搜集研究数据。在获得两家企业人力资源部主管的支持后，笔者在办公场所现场向90后员工发放纸质问卷。为了鼓励员工完成问卷调查，在发放问卷的同时，笔者还发放了手机链、签字笔、笔记本等小礼品。调查过程全程匿名且自愿，答题者可以随时退出。在收回问卷后，笔者剔除5题以上漏答、连续10个以上题项选择同一答案等无效问卷，剩余问卷数据被用作后续分析。此次调查共发放问卷350份，得到有效问卷287份，有效回收率为82%。有效样本的基本特征如下：性别方面，以男性为主，占 60.6%；年龄方面，最小为 18 岁，最大为 31 岁，平均年龄为 24.34 岁，标准差为 3.262；学历方面，大专155 人（54.0%），高中或中专 112 人（39.0%），本科 20 人（7.0%）。

4.2　测量工具

4.2.1　威权领导（AL）

该项采用 Cheng、Chou 和 Farh 在 2000 年编制的量表。[3] 此量表共有 5 个题项，代表题项为"我的领导采用严格的管理方法"。其符合我国国情并被广泛应用。

4.2.2　自我损耗（ED）

该项采用由 Christian 和 Ellis 在 2011 年编制的量表。[32] 此量表共有 5 个题项，代表题项为"此刻我思想不能集中"等。其得到广泛认可和使用。

4.2.3　离职意向（TI）

该项采用 Farh 等在 1998 年编制的量表。[33] 此量表共有 3 个题项，代表题项为"明年我可能寻找一份新工作"。此量表很好地展现了中国特色，并且经验证具有优良的信效度。

以上 3 个量表均使用李克特 5 分法计分，从"非常不同意"到"非常同意"分别计 1 到 5 分。同时，基于以往研究结果，将 90 后员工的性别、年龄及学历作为控制变量。

4.3　研究程序与数据处理

为确保数据的准确性和减少同源偏差，本研究在调查问卷中使用专业术语和规范的语言，并向调研对象说明调查问卷的真实性和保密性。此外，在处理数据去除无效回答后，本研究采用 SPSS 26.0 对样本数据进行相关分析以及回归分析，以了解不同变量的关系。运用Mplus 7 进行验证性因子分析，并采用 Bootstrap 法抽样 5 000 次以检验自我损耗的中介效应。

依据 Preacher 和 Hayes 提出的检验程序验证中介作用[34]，即验证自我损耗在威权领导和90后员工离职意向之间发挥的桥梁作用。首先，验证自变量（威权领导）对中介变量（自我损耗）的影响（假设H2）；其次，验证中介变量（自我损耗）对因变量（离职意向）的影响（假设H3）；最后，采取Bootstrap法验证自变量威权领导对因变量离职意向的间接效应。如果以上过程得到的结果都显著，则认定自我损耗的中介效应显著（假设H4）。

第5章　研究结果

5.1　信度和效度分析

运用Cronbach's α系数对各测量量表的信度加以检验，结果显示威权领导（α=0.79）、自我损耗（α=0.87）、离职意向（α=0.86）的内部一致性系数均大于0.7，说明各测量量表的信度较好。

运用Mplus 7进行验证性因子分析以检验各区分效度，分析结果见表1。由表1可知，三因子模型拟合指数最符合要求，效果最佳（$\chi^2(287)=166.447$，$\chi^2/df=2.685$，$TLI=0.923$，$CFI=0.939$，$RMSEA=0.077$，$SRMR=0.053$）。这表明本研究各量表间存在优良的区分效度，从而为接下来的分析检验提供了可靠数据支撑。

表1　　　　　　　　区分效度的验证性因子分析结果

模　型	χ^2	df	χ^2/df	TIL	CFI	$RMSEA$	$SRMR$
拟合指标	—	—	<3	>0.9	>0.9	<0.08	<0.08
三因子：AL、ED、TI	166.447	62.000	2.685	0.923	0.939	0.077	0.053
双因子：AL、$ED+TI$	300.730	64.000	4.699	0.831	0.861	0.114	0.066
双因子：$AL+ED$、TI	467.361	64.000	7.303	0.712	0.764	0.148	0.127
单因子：$AL+ED+TI$	594.195	65.000	9.141	0.628	0.690	0.168	0.132

注：AL代表威权领导；ED代表自我损耗；TI代表离职意向（下同）。

5.2　相关分析

本研究各变量的描述性统计分析结果见表2。结果表明，各变量均呈显著正相关关系。具体而言，威权领导与自我损耗（$r=0.279$，$p<0.01$）、离职意向（$r=0.295$，$p<0.01$）显著正相关；自我损耗与离职意向（$r=0.650$，$p<0.001$）也显著正相关，初步证明了本研究的研究假设。

表2　　　　　　　各变量的均值、标准差与相关系数

变量	平均值	标准差	1	2	3	4	5	6
1.性别	—	—	1					
2.年龄	24.34	3.26	-0.095	1				
3.学历	—	—	-0.093	0.276**	1			
4.威权领导	2.87	0.54	-0.136*	0.004	0.148*	1		
5.自我损耗	2.48	0.71	-0.055	-0.360**	-0.014	0.279**	1	
6.离职意向	2.55	0.72	0.034	-0.298**	-0.059	0.295**	0.650**	1

注：*表示 $p<0.05$，**表示 $p<0.01$，双尾检验（下同）。

5.3　回归分析

将性别、年龄、学历作为控制变量，运用SPSS 26.0软件进行回归分析，结果见表3。由表3中的模型3可知，威权领导可以显著正向预测员工自我损耗（$\beta=0.266$，$p<0.001$），故假设1成立。而模型1表明威权领导可以显著正向预测90后离职意向（$\beta=0.305$，$p<0.001$），故假设2成立。由模型2可知，自我损耗对90后员工离职意向也存在显著正向预测作用（$\beta=0.588$，$p<0.001$），故假设3成立。

表3 回归分析结果

因变量	离职意向		自我损耗
控制变量与自变量	模型1	模型2	模型3
控制变量	—	—	—
性别	0.046	0.075	−0.050
年龄	−0.290***	−0.067	−0.379***
学历	−0.019	−0.047	0.047
威权领导	0.305***	0.148**	0.266***
自我损耗		0.588***	
R^2	0.179	0.451	0.213
调整 R^2	0.167	0.441	0.201
F	15.352***	46.177***	19.038***

注：***表示 $p<0.001$（下同）。

5.4 中介检验

依据 Preacher 提出的观点分三步检验自我损耗的中介效应：首先检验假设 H2，其次检验假设 H3，最后检验威权领导对 90 后员工离职意向的间接效应。由于之前相关与回归分析结果已初步证实了假设 H2 和假设 H3，现只需运用 Mplus 7 软件分析间接效应以验证中介作用。使用 Bootstrap 法抽样 5 000 次检验威权领导对 90 后员工离职意向的间接效应，分析结果见表 4。

表4 Bootstrap 中介作用检验（5 000次）

因变量	影响效应	效应大小	标准误	95% 置信区间		检验结果
				下限	上限	
离职意向	直接效应	0.140*	0.064	0.015	0.396	显著
	间接效应	0.223***	0.052	0.148	0.543	显著
	总效应	0.363***	0.073	0.266	0.825	显著

注：*表示 $p<0.05$；***表示 $p<0.001$。

由表4可知，威权领导通过自我损耗对90后员工离职意向的间接效应显著，95%的置信区间上限和下限分别为0.543和0.148，不包含0。此外，研究还发现威权领导对员工离职意向的直接效应同样显著，在95%的置信区间上不包含0。综上所述，自我损耗在威权领导与90后员工离职意向之间起部分中介作用，从而证实了研究假设H4。

第6章 研究结论与讨论

6.1 研究结果

基于自我损耗理论和资源保存理论，笔者向河南两家公司的90后员工发放问卷搜集样本数据，对数据进行整理后运用SPSS 26.0、Mplus 7数据分析软件进行一系列分析和实证检验。本研究以90后员工为研究对象，考察威权领导与离职意向的关系，并将自我损耗作为中介变量，对研究假设进行验证后发现：第一，威权领导显著正向影响90后员工离职意向；第二，威权领导显著正向影响90后员工自我损耗；第三，自我损耗显著正向影响90后员工离职意向；第四，自我损耗部分在威权领导与90后员工离职意向之间起中介作用。可见，威权领导作为家长式领导维度之一，会增强90后员工的离职意向，而自我损耗在其中发挥桥梁作用。

6.2 理论意义与管理启示

6.2.1 本研究的理论意义

第一，为离职意向的前因研究提供新颖的理论视角。以往学者多是探讨家长式领导对离职意向的影响作用，针对威权领导与90后员工离职意向关系的研究较少，在两者间引入自我损耗的研究更为缺乏。故本研究引入威权领导和自我损耗进行考察，为降低员工离职意向和减少离职行为提供了一个特别的理论视角。

第二，丰富了对威权领导作用机制的认识。威权领导会直接作用于90后员工的自我损耗与离职意向。这不仅有助于了解华人组织中威权领导的本质，还在一定程度上拓展了威权领导作用效果的研究范围，为未来研究提供新的思路和方向。

6.2.2　本研究的管理启示

研究结果表明，威权领导和自我损耗都会增强90后员工的离职意向。因此，为降低人力资源流失带来的成本压力，减少因离职造成的生产力和团队凝聚力下降等问题，本研究从领导风格、自我损耗角度出发，结合我国企业的现实情况总结了管理启示，向组织、管理者、员工等提出建议。

1）领导风格层面

首先，管理者应采取合适的领导方式。管理者应认真审视自己的领导风格，并根据组织环境和与员工之间的关系进行调整。比如，针对90后员工的性格特点进行个性化管理，采取有效措施避免威权领导的消极影响，通过加强沟通和适当放权减少矛盾冲突。同时，在组织内部建立顺畅的建言和管理参与通道，对员工多加认可与赞扬以满足其心理需求。

其次，管理者应根据员工自我损耗程度的差异转变沟通与管理方式。威权领导风格与90后员工的碰撞容易加剧员工资源损耗，不利于员工情绪稳定和绩效提升。因此，当管理者发觉员工在过度消耗资源时，应根据其资源损耗程度采取合适的管理方式，一味强权只会适得其反。

2）自我损耗层面

首先，组织可以采取以下措施：

一是注重劳逸结合。组织可以修建一些员工喜爱的娱乐休闲设施，并合理安排工作与休息时间，使员工能够在舒适的工作环境中有充足的休息时间。

二是在物质和精神方面采取激励措施。为满足90后员工实现自我价值的需要，组织可以向员工提供合适的职业发展机会和奖励，从而在一定程度上弥补员工过去任务中消耗的资源并避免损耗螺旋，在减轻员工自我损耗的同时提升员工满意度和积极性，从而达到降低员工离职意向的目的。

三是关心员工心理健康。组织可以开展心理健康教育和咨询服务，帮助员工处理工作和生活中出现的心理问题，缓解员工的压力和焦虑，从而减轻自我损耗。

其次，管理者应当对员工的情绪状态和变化多加关注，给予员工更多的人文关怀。管理者可以通过团建、赠送生日礼物等活动营造舒适欢乐的氛围，在关心员工精神状态的同时帮助缓解员工的情绪消耗，减轻自我损耗对员工造成的精神创伤。

最后，员工应当对自我损耗予以关注。一方面，员工应认识到自我损耗是正常的心理现象，只要采取适当的方式就能减轻自我损耗的危害并恢复资源。另一方面，员工应基于双任务假设，合理分配资源。员工在正视自我损耗的同时，对工作任务进行重要性排序，根据工作的轻重缓急分配资源，做到充分利用资源。

6.3 不足与展望

本研究主要采取横截面研究设计，在解释因果关系方面的权威性不及纵向研究；同时，采取员工自评的方式进行问卷调查，研究结果可能受员工情绪影响而出现偏差。未来研究可以考虑采用纵向研究设计，并加入管理者、员工互评等多重来源评估，以增强结论的说服力和可靠性。

在研究样本方面，本研究未划分被试者所处行业和职业，且只搜集了河南两家公司90后员工的问卷数据。未来研究可以对行业和职业进行细致划分，并在全国范围内收取更大样本数据。

此外，本研究仅考察了自我损耗在威权领导与90后离职意向之间的中介作用，未来还需要挖掘其他中介和调节变量，以丰富对威权领导和90后员工离职意向作用机制的研究。

参考文献

［1］白天亮. 毕业生就业半年内离职率超三成, 不就业占比增长［EB/OL］. (2017-04-27)［2023-03-25］. https://static. nfapp. southcn. com/content/201704/27/c394034.html.

［2］智联招聘. 2019职场人年中盘点报告［EB/OL］. (2019-09-24)［2023-05-03］. https://www.docin.com/p-2258861759.html.

［3］CHENG B - S, CHOU L F, FARH J - L. A triad model of paternalistic leadership: the constructs and measurement［J］. Indigenous Psychological Research in Chinese Societies, 2000, 14: 3-64.

［4］赵新元, 王甲乐, SANTJOKO M, 等. 医院家长式领导对医护人员离职意愿影响机制的跨层次研究［J］. 管理评论, 2020, 32 (9): 193-204.

［5］务凯, 张再玄, 李永鑫. 家长式领导与员工离职意向: 组织认同的中介作用［J］. 心理与行为研究, 2018, 16 (4): 557-562.

［6］刘颖. 家长式领导对新生代员工离职倾向的影响研究［D］. 贵阳: 贵州财经大学, 2020.

［7］张君, 孙健敏, 尹奎. 90后新生代员工的特征: 基于社会表征的探索［J］. 企业经济, 2019 (8): 111-117.

［8］朱国华. "90后"员工的代际特征、表现及激励策略［J］. 领导科学, 2018 (32): 57-58.

［9］房志永, 于淼. "90后"员工行为特征分析与管理策略——基于自我决定理论视角［J］. 领导科学, 2019 (10): 101-103.

［10］李广平, 陈雨昂. 资质过剩感对90后新生代员工创新行为的影响［J］. 科研管理, 2022, 43 (1): 184-191.

［11］李茹, 何光远, 赵曙明. 威权型领导是否会引发员工的越轨行为? 来自心理契约违背和个体自尊的解释［J］. 商业经济与管理, 2022 (6): 29-39.

［12］李英武, 张雪儿, 钟舒婕. 威权领导对员工反生产工作行为的影响: 下属负性情绪和传统性的作用［J］. 经济与管理研究, 2021, 42 (5): 122-132.

［13］叶龙, 高山洪, 郭名, 等. 威权领导如何影响员工睡眠质量? 情绪反刍与关系能量的作用［J］. 中国人力资源开发, 2021, 38 (8): 52-64.

［14］夏莹, 吴婧睿, 杜亚娜. 威权型领导对员工帮助行为的影响———一个有中介的调节模型［J］. 管理科学, 2021, 34 (3): 42-52.

[15] 张高旗，徐云飞，赵曙明．心理契约违背、劳资冲突与员工离职意向关系的实证研究：整合型组织文化的调节作用 [J]．商业经济与管理，2019（9）：29-43．

[16] 梁青青．知识型员工离职意向因素的实证研究——基于职业发展阶段和工作倦怠的视角 [J]．技术经济与管理研究，2018（1）：58-62．

[17] 舒晓丽，叶茂林．生涯适应力和员工离职意向的关系：职业生涯成功的作用 [J]．心理科学，2019，42（1）：95-101．

[18] 宋皓杰，程延园．强制性组织公民行为与新生代员工离职意向 [J]．经济管理，2021，43（4）：108-121．

[19] 郝冬梅，赵煜，朱焕卿．组织职业生涯管理与员工离职意向：情感承诺的中介作用 [J]．兰州大学学报（社会科学版），2016，44（1）：171-178．

[20] HE C, WEI H. Negative workplace gossip and turnover intention among Chinese rural preschool teachers: the mediation of ego depletion and the moderation of bianzhi [J]. Frontiers in Psychology, 2022, 13: 1034203.

[21] BAUMEISTER R F, VOHS K D, TICE D M. The strength model of self-control [J]. Current Directions in Psychological Science, 2007, 16 (6): 351-355.

[22] 马钰，肖晨洁，车敬上，等．自我损耗降低决策理性：心理机制与边界条件 [J]．心理科学进展，2020，28（11）：1911-1925．

[23] XIA Y, SCHYNS B, ZHANG L. Why and when job stressors impact voice behaviour: an ego depletion perspective [J]. Journal of Business Research, 2020, 109: 200-209.

[24] 赵书松，梅园园．自我损耗对道德型领导影响员工道德建言不同路径的调节差异研究 [J]．管理学报，2022，19（9）：1325-1335．

[25] HAGGER M S, WOOD C, STIFF C, et al. Ego depletion and the strength model of self-control: a meta-analysis [J]. Psychological Bulletin, 2010, 136 (4): 495-525.

[26] 朱金强，姜松．悖论式领导会降低领导者自身工作旺盛吗？——基于自我损耗理论的研究 [J]．现代管理科学，2022（6）：86-96．

[27] 廖化化，黄蕾，胡斌．资源保存理论在组织行为学中的应用：演变与挑战 [J]．心理科学进展，2022，30（2）：449-463．

[28] 汤超颖，辛蕾．IT企业员工工作压力与离职意向关系的实证研究 [J]．管理评论，2007（9）：30-34；63-64．

[29] DONG R, YU W, NI S, et al. Ageism and employee silence: the serial

mediating roles of work alienation and organizational commitment [J]. Ethics & Behavior, 2022, 33 (8): 702-721.

[30] 任锴. 自我损耗对自我效能的影响 [D]. 北京: 北京体育大学, 2015.

[31] HOBFOLL S E, HALBESLEBEN J, NEVEU J-P, et al. Conservation of resources in the organizational context: the reality of resources and their consequences [J]. Annual Review of Organizational Psychology and Organizational Behavior, 2018, 5 (1): 103-128.

[32] CHRISTIAN M S, ELLIS A P J. Examining the effects of sleep deprivation on workplace deviance: a self-regulatory perspective [J]. Academy of Management Journal, 2011, 54 (5): 913-934.

[33] FARH J-L, TSUI A S, XIN K, et al. The influence of relational demography and guanxi: the Chinese case [J]. Organization Science, 1998, 9 (4): 471-488.

[34] PREACHER K J, HAYES A F. Asymptotic and resampling strategies for assessing and comparing indirect effects in multiple mediator models [J]. Behavior Research Methods, 2008, 40 (3): 879-891.

附录A: 问卷调查设计

尊敬的女士/先生:

您好! 为了解威权领导对90后员工的离职意向的影响, 特开展此次问卷调查。本次调查采用不记名方式进行, 所得数据只作为学术研究之用, 且在最终报告中仅呈现所有参与者的平均分, 故不会对您个人产生任何不良影响, 请放心作答, 并选择最能体现您真实想法的选项。

感谢您对本次调查的大力支持, 祝您工作顺利、事业蒸蒸日上!

一、基本信息

1.您的性别: A.男; B.女

2.您的年龄: ___岁

3.您的文化水平: A.高中或中专; B.大专; C.本科; D.研究生

二、调查内容

以下题项请您根据自己的实际情况和体验，在相应数字后面打上对号。

（1代表"非常不同意"，2代表"不同意"，3代表"一般"，4代表"比较同意"，5代表"非常同意"）

题　项	1	2	3	4	5
1.我的领导在下属面前表现得很有威严					
2.与领导一起工作时，他带给我很大的压力					
3.我的领导采用严格的管理方法					
4.当任务没有达成时，领导会斥责我们					
5.我的领导遵照原则办事，触犯时，我们会受到严厉的处罚					
6.我感觉现在的自己精力耗尽					
7.此刻我思想不能集中					
8.此时我觉得我需要花费很多努力才能专注于某件事					
9.此刻我的心理能量正在耗尽					
10.此刻我感觉我的意志力消失了					
11.明年我可能寻找一份新工作					
12.我经常想要放弃现在的工作					
13.如果有可能我会选择开始一份新工作					

感谢您的参与和支持，谢谢！